Abenteuer!
MAJA NIELSEN ERZÄHLT

Wikinger

>>> **Mit den Nordmännern
auf großer Fahrt**

Fachliche Beratung: Benedicte Ingstad und
Burghard Pieske

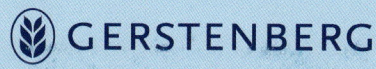

GERSTENBERG

Die Autorin Maja Nielsen kam durch ihre beiden Söhne zum Schreiben spannender Abenteuergeschichten. Viele davon sind als Bücher und Hörbücher erschienen oder wurden als Hörspiele und Reportagen im Rundfunk gesendet. Für die Bücher der Reihe *Abenteuer!* stehen ihr Experten der jeweiligen Sachgebiete zur Seite.

Fachliche Beratung dieses Bandes:
Benedicte Ingstad ist die Tochter von Helge und Anne Stine Ingstad, den Entdeckern der Wikingersiedlung L'Anse aux Meadows in Neufundland. Das Forscherpaar hat den Beweis erbracht, dass die Wikinger tatsächlich um das Jahr 1000 in Amerika siedelten. Benedicte Ingstad hat ihre Eltern auf deren Fahrten begleitet.
Burghard Pieske, Weltumsegler, ist in einem nachgebauten Drachenboot auf der Route von Erik dem Roten und Leif Eriksson von Norwegen nach Neufundland gesegelt.

Fachliche Durchsicht: Prof. Rudolf Simek, Universität Bonn

Copyright 2012 Gerstenberg Verlag, Hildesheim
Alle Rechte vorbehalten.
Reihenkonzeption: Magdalene Krumbeck, Wuppertal
Gestaltung, Satz und Litho: typocepta, Köln
Illustrationen: Claudia Carls, Hamburg
Karten: Peter Palm, Berlin
Druck: Offizin Andersen Nexö, Zwenkau
Printed in Germany

www.gerstenberg-verlag.de
ISBN 978-3-8369-4876-0

Inhalt

Die Wikinger kommen!

>>> **Die Wikinger kommen!** Viele Hundert Jahre lang verbreitet dieser Ruf an den Küsten von der Nordsee bis zum Mittelmeer Angst und Schrecken. Doch die Männer mit den pfeilschnellen Drachenbooten waren nicht nur gefürchtete Krieger und Piraten, sondern auch wagemutige Entdecker: In ihren offenen Booten unternahmen sie zahlreiche Entdeckungsfahrten, immer auf der Suche nach neuen Siedlungsgebieten.

Zu den Größten unter diesen großen Nordmännern zählen Erik der Rote und sein Sohn Leif. In den alten isländischen Sagas wird davon berichtet, dass der jähzornige Rotschopf Erik wegen Totschlags aus der Gemeinschaft der freien Männer ausgeschlossen wird und Island verlassen muss. Doch seine Verbannung wird unverhofft zu seinem Glück: Sie führt Erik bis nach Grönland, weit über die bekannte Welt hinaus. Doch stimmt es auch, was die Sagas von seinem Sohn berichten, einem Mann, ebenso tatendurstig wie sein Vater? Ist Leif Eriksson tatsächlich bis nach Amerika vorgedrungen – 500 Jahre vor Kolumbus?

In diesem Buch wird nicht nur die Geschichte der berühmten Wikinger erzählt, sondern auch berichtet, wie es dem norwegischen Abenteurer und Forscher Helge Ingstad gelang, nach jahrelanger, mühseliger Suche Leif Erikssons Spuren in Nordamerika zu entdecken. Und es nimmt uns mit auf große Fahrt! Der bekannte Weltumsegler Burghard Pieske fuhr mit seiner *Wiking Saga* wie Jahrhunderte vor ihm Leif Eriksson in einem offenen Wikingerboot von Europa nach Amerika. Wie es war, als Wikinger auf Entdeckungsfahrt zu gehen, kann niemand besser beschreiben als dieser mutige Seefahrer.

Nun wurde viel darüber gesprochen, neue Länder zu suchen. Leif, der Sohn Eriks des Roten, kaufte ein Schiff und heuerte eine Mannschaft an, insgesamt 35 Mann.

Aus der *Saga von den Grönländern*

1

Die Verbannung

>>> Krachend stößt der Vater die Tür des Hauses auf und tritt mit schweren Schritten ins Zimmer. Es ist, als gefröre augenblicklich die Luft zu Eis. Beißender Frost kriecht mit ihm in den düsteren Raum. Der Atem des Vaters bildet Nebelschwaden. Die Mägde hören auf zu weben, der Knecht bleibt mit dem Holz, das er eben von draußen geholt hat, wie erstarrt vor der Feuerstelle stehen, und Erik lässt das Messer sinken, mit dem er gerade einen Drachenkopf in den Griff seines Holzschwerts schnitzt. „Packt das Nötigste zusammen und bringt es mit der braunen Milchkuh und den Schafen aufs Schiff!", herrscht der große, kräftige Mann das Gesinde an. „Und du, Erik, hilfst beim Beladen. Alles muss fest verstaut werden. Beeilt euch."

Erik stellt dem Vater keine Fragen. Was er wissen muss, steht überdeutlich in Thorvalds narbigem Gesicht geschrieben. Dieses Mal war er also nicht davongekommen. Dieses Mal hatte der Rat der freien Männer den Vater in die Verbannung geschickt. Von Stund an waren sie in Norwegen nicht mehr sicher.

Der jähzornige Thorvald hatte im Streit mehrere Männer erschlagen. Jetzt hatte er auf dem Thing seine Strafe erhalten. Er musste die Heimat für immer verlassen, und alle, die zu ihm gehörten, würden sein Schicksal teilen. Viel Zeit blieb ihnen nicht. Die Sippe der erschlagenen Männer hatte Rache geschworen. Schon bald würden sie hier sein und sich die Blutschuld teuer bezahlen lassen.

Thorvald schickt einen der Knechte als Wache vors Haus. In der Stube bricht ein fieberhaftes Hin und Her aus. Die Magd nimmt den großen Kessel mit der langen Kette von der Feuerstelle und füllt ihn, so schnell es nur geht, mit den Trinkhörnern, den großen Messern, dem Besteck und Vorräten für die Reise. Die Websachen wandern in einen Korb. Schon wird die Truhe mit den Pelzen auf das Schiff getragen. Thorvald selbst holt drei kostbare Armreifen und die bronzene Kleidernadel, mit der seine verstorbene Frau ihre Kleider zusammengehalten hat, aus dem Versteck zwischen den Dach-

Unten: Thorvald verliert um das Jahr 960 auf der Thing-Versammlung als Strafe für seine Taten alle seine Rechte. Jetzt bleibt ihm nur noch die Flucht übers Meer. Sein Sohn Erik wird ihn begleiten.

Rechts: Auf der Thing-Versammlung werden Gesetze erlassen und Recht gesprochen.

Oben: In den Langhäusern der Wikinger sind Wohnhalle, Werkstätten, Arbeitsräume und Vorratskammern in nur einem einzigen Raum untergebracht.

balken und verstaut sie in seiner ledernen Gürteltasche. In der Fremde werden sie diesen Schatz gut brauchen können.

Auch Erik sucht seine Habseligkeiten zusammen. Als er seine selbst geschnitzten Holzschwerter mit zu den Dingen, die auf das Schiff verladen werden sollen, legen will, reißt ihm Thorvald den Kinderkram aus der Hand und wirft alles ins Feuer: „Du brauchst jetzt kein Spielzeug mehr, Erik. Zum Spielen wirst du keine Zeit mehr haben", weist er den Jungen streng zurecht. „Such mir lieber die große Axt heraus!" Erik reicht ihm, so schnell er kann, das schwere Werkzeug mit der scharfen Klinge. Mit wuchtigen Schlägen treibt Thorvald die mächtigen, mit Runen versehenen Eichenpfosten, die den erhöhten Sitz des Hausherrn einrahmen, aus ihrer Verankerung.

 Thing

Auf dem Thing – der Versammlung – kommen alle freien Männer eines Stamms am Thingplatz unter freiem Himmel zusammen. Es kann mehrmals im Jahr einberufen werden. Auf dem Thing werden Beschlüsse gefasst und Recht gesprochen. Für schwere Verbrechen kann das Thing die Verbannung aussprechen. Der Täter verliert all seine Rechte, muss um sein Leben fürchten und die Heimat verlassen. Ohne die Gemeinschaft kann kein Wikinger überleben. Das Wort „Thing" findet sich noch heute in dem isländischen Wort „Althing" für Parlament wieder.

Handelsrouten der Wikinger

Map labels: Aralsee, RUSSLAND, Bulgar, Chorism, Ladogasee, St. Petersburg, Nowgorod (Holmgard), Island, Thingvellir, SCHWEDEN, Sigtuna, Reykjavik, NORWEGEN, Birka, Stockholm, Wolgograd, Itil, Kaspisches Meer, Färöer, Bergen, Riga, Gorgan, Kaupang, Visby, Gotland, Viborg, Lund, Kiew, Dnjepr, Atlantischer Ozean, DÄNEMARK, Roskilde, Arkona, Ribe, Jelling, Berezan, Schwarzes Meer, Britische Inseln, Haithabu, Wollin, Oder, York, Hamburg, Elbe, FRÄNKISCHES REICH, Prag, Bagdad, Dublin, Dorestad, Köln, Euphrat, London, Aachen, Donau, Byzanz, Limerick, Prüm, BYZANTINISCHES REICH, Cork, Hastings, Paris, Seine, Jerusalem, Orléans, Pisa, Nantes, Rom, Alexandria, Bordeaux, Mittelmeer, Rotes Meer, Nil, Córdoba, REICH DER ARABER

0 200 400 600 km

➤ Handelsrouten

Karte von den Handels-
routen der Wikinger. Die
bedeutendsten Handels-
plätze liegen stets so, dass
man sie sowohl auf dem
Wasserweg als auch über
Land gut erreichen kann.

Die ehrwürdigen, von den Vorfahren ererbten Pfosten werden sie auf dem Weg in die Fremde begleiten und eines Tages wieder der Mittelpunkt ihres neuen Zuhauses werden. Nur – wo würde das sein?

„Island", knurrt der Vater, als könnte er Eriks Gedanken lesen. „Wir segeln mit dem Wogenross nach Island. Da sind wir wieder sicher. Gutes Ackerland soll es dort geben. Alles wird gut, Junge. Und jetzt hilf, die Pfosten zum Schiff zu tragen!"

Der Handel

Weitaus mehr Gewinn als ihre Raubzüge bringen den Wikingern ihre Handelsreisen ein. Sie führen durch Ost- und Nordsee bis ins Mittelmeer und über die großen Flüsse im Osten bis in so weit entfernte Städte wie Byzanz. Die Wikinger bieten vor allem Sklaven, aber auch Bernstein, Felle, Rentierbein und Walrosselfenbein an. Dafür tauschen sie Luxusgüter wie Silber und Gold, Seide aus China, Brokatstoffe aus Byzanz, Wein aus dem Rheingebiet und Glas aus dem Frankenland ein. Handelsplätze wie Kaupang in Norwegen, Haithabu in Dänemark (heute Deutschland) oder Birka in Schweden entwickeln sich während der Wikingerzeit zu großen Städten mit mehr als 1000 Einwohnern.

Die Familie steht für die Wikinger an erster Stelle. Der Hausherr besitzt die größte Macht. Er gebietet über Frau, Kinder und Gesinde.

„Da sind Schatten!", meldet der Knecht, den der Vater als Wachtposten abgestellt hat, voller Furcht. „Sie schleichen um den Hof!"

Thorvalds Blick verdüstert sich. Er packt die Axt fester, die er noch in Händen hält. Jetzt sind sie also da, die Brüder und Söhne der Erschlagenen, und wollen es ihm mit gleicher Münze heimzahlen. Und die Knechte sind unten am Meer, um das Schiff zu beladen!

Mit der Axt in der erhobenen Faust geht Thorvald zur Tür und lauscht. Aber da ist nichts. Er sieht sich um, aber er kann niemand Fremdes auf seinem Grund entdecken. „Du musst dich geirrt haben", sagt er zum Knecht und lässt die Axt sinken. Als er sich wieder umdreht, um zurück ins Haus zu gehen, legt sich ein kräftiger Arm von hinten um seinen Hals. Ein zweiter Mann stürzt sich auf den Knecht. Thorvald versucht, sich aus dem Würgegriff zu befreien – aber vergeblich. Wie eine eiserne Schlinge presst der Arm ihm die Luft ab. Die Axt fällt ihm aus der Hand. Da ertönen Rufe. Endlich! Die Knechte kommen zurück. Aber bevor sie Thorvald beistehen können, stellen sich ihnen weitere Angreifer in den Weg. Wie aus dem Nichts fallen sie über die überraschten Männer her. So tapfer die Knechte auch kämpfen, es gelingt ihnen nicht, Thorvald zu Hilfe zu eilen. Da springt Erik auf, ergreift eines der langen Messer aus dem Kessel und stürzt sich auf den Mann, der den Vater umklammert hält. Wie ein Besessener sticht er auf den Arm des Angreifers ein. Mit wildem Schmerzensschrei lässt dieser von seinem Opfer ab. Heftig blutend stolpert er hinaus und ruft nach seinen Männern.

Erik steht keuchend an der Tür, das Messer hat er fallen gelassen. Die Männer sind fort, aber sie werden sicher Verstärkung holen und wiederkommen. Wir müssen weg. So schnell wie möglich!, denkt Erik. Thorvald kniet am Boden, er japst nach Luft. Doch schon nach wenigen Augenblicken springt er auf die Beine und greift nach der Axt. Mit einem Wutschrei schlägt er

Ein Mann hieß Thorvald. Thorvalds Sohn hieß Erik der Rote. Vater und Sohn fuhren von Jaeren nach Island, weil sie in Totschläge verwickelt waren.

Aus der *Saga von den Grönländern*

die Pfosten mit einem gewaltigen letzten Hieb aus der Verankerung. So schnell es nur geht, tragen sie gemeinsam mit den Knechten die Pfosten zum Strand hinunter und hieven sie auf das Schiff.

Kurze Zeit später ist der Knorr fertig beladen. Die Knechte rudern das Schiff mit kraftvollen Zügen aus den Untiefen. Schon ist das rot-weiße Segel hochgezogen, ein kräftiger Nordostwind fährt hinein. Das Wogenross bäumt sich auf, dann reckt es seinen Hals nach Westen und zieht davon. Sie sind der Blutrache entkommen! Auf dem Meer sind sie sicher. Kein einziges Mal blicken Thorvald und sein Sohn Erik zurück.

Island – das klingt für alle, die mit Thorvald die engen, windgepeitschten Fjorde Norwegens verlassen, wie ein Versprechen. Ein Versprechen auf ein besseres Leben. Genug Land für alle. Genug zu essen. Mehr Nordmänner, als man zählen kann, sind auf der Suche nach Land und Freiheit von Norwegen aus auf die geheimnisvolle Insel der rauchenden Berge, der heißen Quellen und der Geysire übersiedelt.

Seit der Zeit, als es den Freibeuter Naddod in einem furchtbaren Sturm an die Küste Islands verschlug, wird die Wegbeschreibung an den Herdfeuern von Seefahrer zu Seefahrer weitergegeben. Wie alle Wikinger orientiert sich Thorvald auf der Fahrt an auffälligen Landmarken wie den Shetlandinseln, den Färöern und den hohen Gletschern auf Island, die man schon aus großer Entfernung ausma-

Ein Fjord an der norwegischen Küste. Viele Norweger wandern ab 870 auf der Suche nach besseren Lebensbedingungen nach Island aus. Sie fliehen auch vor der bedrohlich anwachsenden Macht des Königs Harald Schönhaar.

Wikinger

Mit dem Wort „Wikinger" werden vom Ende des 8. bis zur Mitte des 11. Jahrhunderts die Beutefahrer aus Dänemark, Schweden und Norwegen bezeichnet. Wikinger bedeutet Seeräuber, wovon auch das Wort *viking* für Beutefahrt stammt. Den Beginn der Wikingerzeit markiert der Überfall auf das Kloster Lindisfarne an der englischen Küste im Jahr 793. Die Beutezüge entlang der englischen und französischen Küsten werden von jungen Männern durchgeführt, die Ruhm und Reichtum erlangen wollen. Aber die meisten Menschen der Wikingerzeit sind Bauern. Wikinger tun sich auch als Händler, Entdecker, Handwerker und Dichter hervor.

?

Raben-Navigation

Um das Jahr 862 macht sich ein Mann namens Floki Vilgerdarson auf, um als Erster mit seiner Familie in Island zu siedeln. Erst zwei Wikinger haben vor ihm die Insel mit eigenen Augen gesehen. Daher nimmt der Norweger drei Raben als Navigationshilfe mit. Er will sich deren Orientierungssinn zunutze machen. Als er während der Fahrt den ersten Raben freilässt, fliegt der zurück zu den Färöern, von wo Floki aufgebrochen war. Der zweite Rabe umkreist das Schiff und lässt sich dann auf dem Mast nieder. Irgendwann ist er verschwunden. Erst der dritte Rabe fliegt dem Schiff voraus und weist Floki den Weg zu der Insel, die der Freibeuter Naddod um das Jahr 860 als Erster entdeckte. Aber Raben-Floki, wie er seit diesen Tagen genannt wird, wird durch die bitterkalten Winter vertrieben. Schaudernd tauft er die Insel auf den Namen Island – Eisland – und segelt zurück nach Norwegen.

chen kann. Auch die Strömung des Meeres, die Art des Windes und die Tiere, die ihnen auf dem Meer begegnen, sind für ihn Orientierungshilfen. Nachts weisen die Sterne ihnen den Weg.

Erik saugt dieses Wissen wie ein Schwamm in sich auf. Ihm liegt die Seefahrt im Blut. Er liebt das Salz auf seinen Lippen, das Geräusch der knarrenden Planken und den Seewind, der durch seine roten Haare fährt. Bald kann der Vater dem Sohn den Knorr unbesorgt anvertrauen.

Die Fahrt von ihrem Hof in Jaeren im Südwesten von Norwegen nach Island führt über die Färöer. Drei Tage sind sie unterwegs, bis sie dort ihre Wasservorräte aufstocken können. Von dort aus sind es noch fünf Tage bis nach Island. Seit die Färöer hinter ihnen im Meer versunken sind, starrt Thorvald häufig vor sich ins Leere. Gelegentlich nimmt er einen tiefen Schluck aus der Schnapsflasche. Weggejagt werden wie ein räudiger Hund – das nagt an seinem Stolz. „Sie haben mich betrogen", grölt er gegen den stürmischen Seewind an. Und ganz Unrecht hat Thorvald wahrscheinlich nicht einmal. Auf dem Thing bekommen bei Streitigkeiten meist diejenigen Recht, die die meisten Anhänger haben: die mächtigen Jarle, mit denen es sich keiner verderben will. „Die Zeugen waren bestochen", grollt der Vater, bevor er bei einer besonders hohen Welle das Gleichgewicht verliert und auf die nassen Planken kracht. Dort schläft er bis zur Ankunft auf Island seinen Rausch aus. Währenddessen hören die Knechte auf Eriks Anweisungen. Er teilt die Wachen ein und bestimmt, wer das Wasser aus dem Schiff schöpfen muss. In rasender Fahrt trägt das Wogenross sie nach Westen.

Als die Küste Islands in Sicht kommt, fragt sich Erik, wie es ihnen in ihrer neuen Heimat wohl ergehen wird. Er kann es kaum erwarten, von Bord zu gehen.

2

Spitzklipp

>>> **„Bringt das Vieh von Bord.** Hornstradir wird unser neues Zuhause sein", sagt der Vater, und seine heisere Stimme verrät seine tiefe Enttäuschung darüber, dass sie zu spät nach Island gekommen sind. 100 Jahre zu spät, um genau zu sein. Hunderte von Siedlern haben alles gute Land auf der Insel längst in Besitz genommen. Auf den saftigen Wiesen entlang der Fjorde sind große Langhäuser errichtet worden. Ihnen bleibt nur dieses karge, steile Stück Boden zwischen felsigen Klippen im Nordwesten der Insel.

„Den Letzten beißen die Hunde", sagt Thorvald bitter, als er von Bord der Knorr springt und mühsam den Hang hochklettert. Erik läuft ihm hinterher.

„Lass uns das Segel wieder hochziehen. Wir fahren weiter nach Westen und suchen neues Land!", bestürmt er seinen Vater.

„Willst du der Midgard-Schlange in ihren stinkenden Rachen schauen?", fragt Thorvald und kämpft sich weiter den Hang hoch, um sich den Haufen Geröll, auf dem sie ihr neues Zuhause errichten werden, von oben anzusehen.

„Du weißt genau, dass Gunnbjörn Ulfsson vor Jahren im Westen Land gesichtet hat. Hundert Mal hat uns Mutter früher vor dem

Während sich der Anbau von Getreide auf Island kaum lohnt, gedeiht das Vieh auf den saftigen Weiden prächtig. In den Buchten finden die Wikinger gestrandete Wale und Walrosse. Und auch die Jagd nach Vögeln und der Fischfang sind ergiebig.

 Das Weltbild der Wikinger

In der Vorstellung der Wikinger gibt es zwei Göttergeschlechter: die kriegerischen Asen und die Vanen. Sie wohnen in Asgard. Zu den Asen gehören bekannte Götter wie Odin und Thor. Ein Regenbogen verbindet die Götterwelt mit der Erde, auf der die Menschen leben. Midgard, die Erde, ist von einem Weltmeer umgeben, das wiederum von einem Ungeheuer umspannt wird – der heimtückischen Midgard-Schlange. Dahinter befindet sich der Rand der Welt. Unter der Erde liegt das Totenreich der Göttin Hel und jenseits der Erde die Außenwelt Utgard, in der Riesen und Ungeheuer wohnen, die den Menschen feindlich gesinnt sind. In Midgard wächst die Weltenesche Yggdrasil, deren Wurzeln sich über die ganze Erde erstrecken.

**Die Erde – nirgends
kein Himmel darüber
nur gähnender Abgrund
und gar kein Gras**

Die Weissagung der Seherin, aus der *Lieder-Edda*

Schlafengehen die Geschichte erzählt, wie Gunnbjörn im Sturm auf der Fahrt nach Island nach Westen abgetrieben worden ist. Wie er dort auf Land stieß. Eine Insel. Mit Buchten und Fjorden, mit Gletschern und Bergen. Von Ungeheuern hat Gunnbjörn nie etwas berichtet. Nie! Das Ende der Welt muss woanders liegen", ruft Erik ihm hinterher. Thorvald antwortet nicht.

„Wenn wir als Erste auf dieses Land stoßen, dann können wir uns die saftigsten Weiden aussuchen", beharrt Erik. „Du hast es doch selbst gesagt: Den Letzten beißen die Hunde. Das wird uns dort nicht passieren!"

Der Vater sieht sich nach einem geeigneten Platz für ihr Haus um und beachtet den Sohn nicht weiter. Mit verschränkten Armen steht er da und dreht Erik den Rücken zu. Hat er überhaupt zugehört?

Da stürzt Erik auf Thorvald zu, packt ihn am Kragen und zieht ihn zu sich herum: „Verdammt noch mal, hör auf, mich wie ein Kind zu behandeln. Dieser Boden wird kaum etwas abwerfen. Wir können hier keine Felder bestellen, und das Vieh wird verhungern. Lass uns weitersegeln, Vater!"

Doch Thorvald sieht seinen Sohn nur mit leerem Blick an. Erik lässt ihn schließlich los. Sie setzen sich auf zwei große Felsbrocken und starren aufs Meer.

„Du hast mir beigebracht, dass man sich nicht mit zu wenig zufriedengeben soll. Dieses Stück Land ist weniger als wenig. Es ist

? Gunnbjörn Ulfsson

Der Norweger Gunnbjörn Ulfsson wird zu Beginn des 10. Jahrhunderts auf der Fahrt von Norwegen nach Island in einem Sturm abgetrieben und sichtet im Westen Islands einige Inseln. Fortan wird diese Inselgruppe vor der Ostküste Grönlands die Gunnbjörn-Schären genannt. Der höchste Berg Grönlands, der 3753 Meter hohe Gunnbjörns Fjeld, wurde ebenfalls nach ihm benannt.

ein Nichts. Lass uns weiterfahren", versucht es Erik noch einmal.

Nach langem Schweigen antwortet Thorvald müde: „Ich bin zu alt, um weiterzusegeln, Erik. Meine Kraft reicht gerade noch aus, hier ein Haus zu errichten, bevor die Winterstürme kommen."

Wut ballt sich in dem Jungen zusammen. Er ergreift einen Stein und schleudert ihn weit hinaus aufs Meer. Er versucht nicht, den Vater umzustimmen. Das wäre sinnlos. Thorvald hat seine Entscheidung getroffen. Aber die Sehnsucht, nach Westen aufzubrechen und der Erste zu sein, der seinen Fuß auf neues Land setzt, erfasst Erik mit Haut und Haaren. Wenn er die Augen schließt, dann sieht er dieses Land vor sich: grüne, saftige Weiden, so weit das Auge reicht. Ein breiter Fluss, in dem fette Lachse nur darauf warten, gefangen zu werden. Und keiner da, der sie von ihrem Besitz vertreiben kann ...

„Erik, hör auf zu träumen. Hilf lieber mit, das Wogenross an Land zu ziehen!", ermahnt ihn der Vater. Er ist schon auf dem Weg zum Strand. „Nun macht schon! Runter von den Planken. Oder soll

 ## Die Gesellschaft

An der Spitze der nordischen Stämme steht ein König. Die Gesellschaft der Wikinger besteht aus drei Klassen:

– die *Jarle*, mächtige Stammesfürsten. Sie besitzen große Höfe, haben häufig die Handelsplätze unter ihrer Kontrolle und erheben Steuern. Sie gehören meist dem Adel an. Auch das Amt des religiösen Führers fällt ihnen zu. Sie versuchen, die besten Krieger in ihre Gefolgschaft zu bringen. Die Krieger können sich ihren Jarl frei aussuchen.

– die *Karle*, freie Wikinger. Sie haben das Recht, Waffen zu tragen und an der Thing-Versammlung teilzunehmen. Meist sind sie Bauern, Handwerker oder Fischer.

– die *Thralle*, rechtlose Sklaven. Die Gefangenen der Wikinger werden auf dem Sklavenmarkt verkauft. Auch Schuldner können zu Sklaven werden. Sie werden wie Eigentum behandelt und haben keinerlei Rechte. Als die Wikinger zu Christen werden, geben sie den Sklavenhandel auf. Bettler, Geächtete und Zauberer stehen außerhalb der Gesellschaft.

ich euch Beine machen? Bringt die Schafe auf die Weide", herrscht Thorvald auch das Gesinde an.

Die Knechte sehen einander ratlos an. „Welche Weide, Herr?", fragt der germanische Sklave Tyrkir schließlich. „Ich sehe hier nirgendwo Gras."

„Wenn ihr kein Gras findet, dann gebt den Schafen Seetang zu fressen!", brüllt Thorvald ihn an. Mit verschlossenen Mienen führen die Knechte das Vieh vom Boot. Wenn der Herr in dieser Stimmung war, dann widersprach man ihm lieber nicht.

„Mal sehen, wie lange wir auf Island bleiben können, bis man die Bastarde auch von hier verjagt", murrt einer der Knechte in finsterer Vorahnung. „Da sagst du was Wahres", stimmt ihm ein anderer zu. „Der rote Feuerkopf kommt ganz nach dem Alten. Kann auch keinem Streit aus dem Weg gehen." Nur der sommersprossige Tyrkir sagt nichts und bindet die Kuh an einem Stein fest, damit sie auf ihrer Suche nach Futter nicht von den Klippen stürzt.

Thorvald weiß, dass ihm die Knechte grollen – man sieht es ihren mürrischen Gesichtern deutlich an. In den nächsten Wochen herrscht er mit harter Hand über das Gesinde, damit die Leute gar nicht erst auf dumme Gedanken kommen. Auch Erik muss anpacken, bis seine Hände voller Schwielen sind. Lange vor Sonnenaufgang beginnen sie ihr Tagewerk. Und wenn sie sich erschöpft auf ihr Lager fallen lassen, steht meist schon der Mond am Himmel.

Noch vor dem Winter errichten sie Spitzklipp, ihren neuen Hof – ein längliches Haus aus Erde und Gras. Am Strand zwischen

Unten: Der raue Nordwesten Islands ist zerklüftet und unwirtlich. Ein harter Überlebenskampf wartet auf die Neuankömmlinge. Holz für den Hausbau findet man nur in Form von Treibholz am Strand.

Rechts: Nachbau eines Wikinger-Langhauses auf Island. Meterdicke Wände aus Grassoden sollen die Kälte abhalten. Sie werden auf einem Steinfundament errichtet.

Sie nahmen in Hornstrandir Land und ließen sich in Drangar nieder. Dort starb Thorvald.

Aus der *Saga von Erik dem Roten*

den Klippen finden sie genug Treibholz für die Tür und für die Luke im Dach, durch die ein spärliches Licht in den Raum fällt. Als sie die Pfosten, die sie aus der Heimat in Norwegen mitgebracht haben, errichten, zeigt sich Thorvald zum ersten Mal seit ihrer Ankunft etwas weniger grob. Er schenkt an diesem Tag Bier für die Knechte aus. Und abends am Feuer wird von der greisen Geschichtenerzählerin wieder einmal die alte Sage von Sigurd dem Drachentöter und von der schönen Heldin Brynhild erzählt, die Thorvald so gern hört.

Die Sage von Sigurd und Brynhild

Der Königssohn Sigurd wird als Säugling ausgesetzt. Als ein Schmied ihn im Wald entdeckt, nimmt er ihn bei sich auf. Aber bald fürchtet sich der Schmied vor den übermenschlichen Kräften des starken Sigurd und setzt alles daran, dass der Junge von einem Drachen getötet wird. Aber es kommt anders: Sigurd gelingt es, den Drachen zu töten. Als er sich nach dem Kampf mit dem Blut des Drachen bestreicht, wird seine Haut zum Panzer. Bis auf eine Stelle zwischen seinen Schulterblättern, die er nicht erreichen kann, ist Sigurd jetzt unverwundbar. Die Sage berichtet, wie er schließlich wegen einer Frau, die sich von ihm verraten fühlt – nämlich durch Brynhild –, doch noch getötet wird.

Aber an den meisten Tagen ist das Leben auf Spitzklipp ein einziger Kampf gegen Kälte und Hunger. So gut es geht, bereiten sie sich auf den langen Winter vor. Dabei bemerkt Erik, dass der Vater furchtbar langsam geworden ist. Als sie auf Robbenjagd gehen, kann er kaum Schritt halten. Auch Thorvalds Harpunen erreichen nur selten ihr Ziel. Ohne Eriks Jagdeifer hätten sie so gut wie kein Robbenfleisch für den Winter einpökeln können.

Als die ersten Stürme über das Land fegen, rücken sie in dem dunklen Haus mit dem Vieh eng zusammen. So gelingt es ihnen, die Kuh und fast alle Schafe über den ersten Winter zu bringen. Erik stellt erschrocken fest, dass sein Vater in nur wenigen Monaten zu einem alten Mann geworden ist. Während der langen Wintertage, in denen es tagsüber kaum hell werden will, sitzt er meist auf seinem Platz am Feuer und starrt in die Glut. Manchmal verzieht er sein Gesicht, als hätte er große Schmerzen. Aber der stolze Mann beklagt sich mit keinem Wort.

Sie kamen weit hinaus in windkaltes Eis, bedürfend der Trocknung und Nahrung. Ein Unglück kann das Glück fortnehmen, sodass man früh stirbt.

Inschrift auf einem Runenstein

Wikingergräber in Form eines Schiffs auf Jütland, Dänemark. Die Wikinger glauben an ein Weiterleben im Jenseits. Daher gibt man den Toten Grabbeigaben mit: Waffen, Werkzeug, Nahrung und Getränke.

Bis zu 35 Meter hoch schießt die kochend heiße Wassersäule des Geysirs Strokkur auf Island. Geysire befinden sich meist in vulkanisch aktiven Gegenden über heißen Magmaschichten.

Im Frühjahr fangen sie an, den Boden für die Aussaat vorzubereiten. Gerste wächst selbst auf ihrem kargen Grund. Aber Thorvald geht nicht mehr mit hinaus aufs Feld. Seine Kräfte haben sich vollständig verbraucht.

„Nicht mehr lange, dann begibt er sich auf seine letzte große Fahrt. Auf die Reise in die andere Welt", sagt Tyrkir zu Erik. Erik lässt sich nicht anmerken, wie groß seine Angst vor diesem Tag ist.

In einem seiner wenigen klaren Momente legt Thorvald seine Hand auf Eriks Kopf und sagt zu ihm: „Versprich mir, dass du deinen Traum wahr machst. Dass du nach Westen segelst und das Land suchst, von dem du jede Nacht träumst."

„Ja, Vater, das verspreche ich dir!", sagt Erik, überrascht davon, wie gut sein Vater ihn kennt. Ein stolzes Lächeln zeigt sich auf Thorvalds müdem Gesicht, als hätte der Junge dieses Land bereits entdeckt.

Als Erik am nächsten Tag zur Mittagszeit nach dem Vater sieht und ihn mit weit geöffneten Augen auf seinem Lager findet, spürt er einen Schmerz, der ihn taumeln lässt. Aber obwohl er noch nicht einmal 13 Jahre alt ist, verhält er sich wie ein Mann. Sachte schließt er dem Vater die Augen. Dann ruft er mit brüchiger Stimme die Knechte zusammen.

Sie wickeln den Toten in eine Segelplane und begraben ihn mit seinem Schwert in einem Schiff aus Steinen. Der Bug des Schiffs zeigt aufs Meer. Etwas Brot und geräucherten Fisch als Proviant gibt Erik dem Vater mit, so wie es Sitte ist. „Gute Reise, Vater!", flüstert er kaum hörbar, bevor sie die kniehohe Grube zuschütten. „Ich werde das Versprechen, das ich dir gegeben habe, nicht vergessen. Schon bald werde ich nach Westen aufbrechen!"

 Island

Island ist mit 100 000 Quadratkilometern die größte Vulkaninsel der Erde. Die Insel liegt im Nordatlantik südlich des nördlichen Polarkreises. Sie ist durch zahlreiche aktive Vulkane, Flüsse, Seen und Wasserfälle und auf weiten Flächen durch Gletscher geprägt. Die isländischen Sagas berichten von der Entdeckung Islands durch den norwegischen Wikinger Naddod um das Jahr 850. Andere Sagas schreiben die Entdeckung dem Schweden Gardar Svavason oder auch Floki Vilgerdarson – „Raben-Floki" – zu. Bevor die Wikinger nach Island kamen, lebten dort allerdings bereits irische Einsiedlermöche.

3

Thorhild

>>> **Aber es dauert noch viele Jahre,** bis Erik
das Versprechen einlösen kann. Er ist jetzt der Herr auf Spitzklipp,
der Sorge tragen muss, die vielen hungrigen Mäuler zu stopfen.
In den ersten Jahren ist gar nicht daran zu denken, ein Schiff für
die große Fahrt auszurüsten. Und später ist es ihm auf einmal gar
nicht mehr so wichtig, aufzubrechen. Denn Erik trifft auf die schö-
ne Thorhild. Sie hat Augen wie das Meer, auf dem die Sonne funkelt. Solch strahlende Augen hat Erik noch nie gesehen. Bei ihm ist
es Liebe auf den ersten Blick. Er will Thorhild augenblicklich zur
Frau haben.

Ihre Familie warnt sie davor, sich mit dem rothaarigen Habe-
nichts einzulassen.

„Der Mann ist bettelarm", gibt ihr Vater zu bedenken.

„Du wirst von früh bis spät auf den Beinen sein. Die Arbeit wird
nie enden", warnt die Mutter. „Besser wär's, du nimmst einen, der
schon einen großen Hof mit vielen Mägden und Knechten hat."

„Er ist ein Raufbold und wenn er in Wut gerät, dann weiß er
nicht mehr, was er tut. Er ist wie sein Vater! Irgendwann wird er
noch mal jemanden totschlagen", sagt ihr Bruder.

Er mag seine Ecken und Kanten haben – Erik ist dennoch genau der richtige Mann für sie. Er hat eine Kraft in sich, als könne er
die ganze Welt auf seinen Schultern tragen. Er wird immer gut für
sie sorgen, das weiß sie. Thorhild beschließt, den rothaarigen Rü-
pel zu heiraten.

„Du hast mehr Glück als Verstand", sagt Tyrkir zu Erik während der Hochzeit. Und damit hat er Recht: Thorhilds Vater besitzt

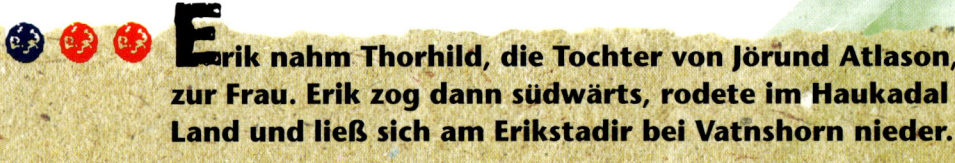

Erik nahm Thorhild, die Tochter von Jörund Atlason,
zur Frau. Erik zog dann südwärts, rodete im Haukadal
Land und ließ sich am Erikstadir bei Vatnshorn nieder.

Aus der *Saga von Erik dem Roten*

Island – eine Insel aus Feuer, Wasser und Eis: Zahllose Wasserfälle, Flüsse und Seen prägen das Landschaftsbild der größten Vulkaninsel der Erde.

ausgedehnte Ländereien im Haukadal am südöstlichen Ufer des Breidafjords. Dort tropft Butter von jedem Halm. Erik gibt Spitz-klipp auf und lässt sich mit Thorhild dort nieder. Er ist jetzt ein ge-machter Mann.

In den Jahren, in denen er seinen Hof bei Vatnshorn im Hau-kadal aufbaut und mit Thorhild eine Familie gründet, vergisst Erik das Versprechen, das er seinem Vater gegeben hat. Er hat fruchtba-res Land gefunden, auch ohne nach Westen zu segeln. Und gibt es nicht auch im Breidafjord fette Fische? Das Beste aber ist, dass er so eine tüchtige Frau gefunden hat. Und als sein erster Sohn, Leif, geboren wird, platzt Erik fast vor Freude und Stolz.

Erik setzt nach Leifs Geburt alles daran, den Hof so ertragreich wie möglich zu ma-chen. Seiner Familie soll es an nichts man-geln. Er rodet sogar noch weiteres Land im Haukadal. Eigentlich ist das Glück vollkom-men. Warum ihm trotzdem manchmal alles zu eng wird, kann er sich nicht erklären. Was das nur ist, das ihn so bedrängt? Vielleicht liegt es an den Nachbarn. Die anderen Groß-bauern im Haukadal lassen Erik spüren, dass er nicht dazugehört. „Er hat sich in ein ge-machtes Nest gesetzt. Aus eigener Kraft wäre

Die Wikinger als Bauern

In der Wikingerzeit sind die meisten Menschen Bauern oder Knechte und Mägde. Sie leiden wegen häufiger Missernten oft Hunger und große Not und begeben sich daher gelegentlich auf Beutefahrt. Zu einem größeren Hof gehören Ställe, Scheunen, Vor-ratshäuser und eine Schmiede. Die Frauen bereiten das Essen, brauen Bier, melken die Kühe, waschen die Wäsche und versorgen Kranke und Alte. Die Männer arbeiten auf den Feldern, stellen Werkzeug und Waffen her und sind für die Jagd, den Fisch-fang und den Hausbau zuständig.

Die Langhäuser der Wikinger sind düster und verräuchert. Lediglich durch den Rauchabzug – das Windauge – fällt Tageslicht in die große Halle.

der Taugenichts nie zu so gutem Land gekommen", sagen sie untereinander. Besonders sein direkter Nachbar, der hochnäsige Großbauer Valthjof, lässt kein gutes Haar an ihm. Der erzählt jedem, der es wissen möchte, dass Eriks Sippe nichts als Totschläger hervorgebracht habe und dass man nichts Gutes von ihm und seiner Brut erwarten dürfe. „Dem würde ich gern mal tüchtig aufs Maul hauen!", sagt Erik schäumend vor Wut, als er mit seinen Freunden beim Met zusammensitzt. Thorhild zuliebe geht er dem Nachbarn aus dem Weg. Aber die Fehde ist unvermeidlich.

Eriks Knechte lösen bei Rodungsarbeiten versehentlich einen Erdrutsch aus, der Valthjofs gesamten Hof unter sich begräbt. Darauf erschlägt Valthjofs Cousin Eyjolf in rasender Wut vier von Eriks Knechten. Als Thorhild davon erfährt, erschrickt sie. Sie lässt den kleinen Leif bei ihrer Magd und macht sich hastig auf die Suche nach ihrem Mann. Schließlich findet findet sie ihn bei den Erschlagenen. In seinen Augen ist deutlich zu lesen, was in ihm vorgeht. Und auch, was er vorhat. Thorhild bestürmt Erik, die Dinge auf sich beruhen zu lassen. Schließlich ist Valthjof ein großes Unglück geschehen, an dem Erik, wenn auch ohne böse Absicht, die Schuld trägt! Aber Erik hört sie gar nicht. Eyjolf hat die Hand gegen seine Männer erhoben. Dafür soll er sterben. Er lässt Thorhild stehen, holt seine Axt, schärft sie. Dann lauert er Eyjolf in der Nähe seines Hofes auf und spaltet ihm den Schädel. Damit ist sein Blutdurst jedoch noch nicht gestillt. Ein weiterer Verwandter Valthjofs muss für den Verlust der Knechte mit dem Leben bezahlen.

 **Wikinger-häuser**

Die Langhäuser der Wikinger bestehen aus einem einzigen lang gestreckten, rechteckigen Raum, in dem Menschen, Tiere sowie sämtliche Gerätschaften und Besitztümer untergebracht sind. Das Dach wird von Holzpfosten getragen. Meist sind sie zwischen 5 und 20 Metern lang, seltener auch bis zu 30 Metern.

Zum Bau verwenden die Wikinger Materialien, die sie in der Umgebung finden: Grassoden, Lehm, Birkenrinde oder Holz. Entlang den Hauswänden verlaufen Erdbänke, die mit Fellen gepolstert werden. Auf ihnen sitzen und schlafen die Menschen. Darüber hinaus gibt es außer dem erhöhten Sitz für den Hausherrn kaum Möbel. Die Habseligkeiten werden in Truhen verstaut.

Früh muss aufstehen, wer des anderen Gut oder Blut haben will.

Aus der *Lieder-Edda*

Als Erik nach Hause kommt und seine blutige Axt auf den Esstisch fallen lässt, stammelt seine Frau entsetzt: „Was hast du getan? Was hast du nur getan, Erik? Valthjofs Sippe ist mächtig. Jetzt werden sie dich in die Verbannung schicken!"

„Die diebische Sippe hat nur bekommen, was sie verdient", sagt Erik kurz angebunden, steht ohne weitere Worte vom Tisch auf und legt sich auf sein Bett. In wenigen Minuten ist er eingeschlafen. Thorhild bleibt wie betäubt sitzen, die Axt vor ihr. Durch die Dachluke fällt das Mondlicht auf das blutbeschmierte Eisen.

Es kommt genau so, wie Thorhild vorausgesagt hat. Die Großbauern stellen sich auf dem Thing geschlossen gegen Erik und verhängen den Bann über ihn. Von nun an trägt Erik den Beinamen „der Rote". Aber keiner denkt dabei an seinen roten Haarschopf. Sie denken an das Blut, das an seinen Händen klebt.

Aus Mitgefühl für Thorhild gestattet man ihm, auf den Inseln vor dem Festland zu siedeln. Die Großbauern im Haukadal sehen schadenfroh zu, als Erik mit Tyrkir die Hochsitzpfosten, auf die er so stolz ist, aus dem neu errichteten Hof holt, auf sein Schiff trägt und auf Nimmerwiedersehen aus dem Tal verschwindet.

Grönland

> > > **Zunächst verschlägt es Erik** und Thorhild auf die Insel Sudrey, aber da gefällt es Erik nicht. Also siedeln sie über auf die Insel Örney westlich vom Haukadal, dort, wo der Hvammsfjord in den Breidafjord mündet. Das Land dort ist bei Weitem nicht so gut wie im Haukadal, und Erik würde am liebsten weiterziehen. Aber Thorhild erwartet ihr zweites Kind und sie brauchen ein Dach über dem Kopf. Immerhin scheint ihr Nachbar Thorgest kein schlechter Kerl zu sein. Erik vertraut ihm die kostbaren Pfosten seiner Vorfahren an. Thorgest verspricht, sie so lange zu verwahren, bis das Haus der neuen Nachbarn fertiggestellt ist. Dann stürzt Erik sich in die Arbeit und errichtet mit den Knechten gerade noch rechtzeitig ein Haus für seine größer werdende Familie. Es ist jetzt jeden Augenblick so weit, dass Thorhild niederkommt. Als das Haus fertig ist, schickt er die Knechte los, um die Pfosten von Thorgest zurückzuholen. Sie sollen ihren alten Platz rings um den Sitz des Hausherrn erhalten.

Doch die Knechte kommen mit leeren Händen zurück: „Thorgest will die Pfosten nicht herausgeben", berichtet Tyrkir. „Er behauptet, sie seien ein Geschenk gewesen."

Erik bricht in Gelächter aus. Er glaubt, dass Tyrkir ihn wie so oft auf den Arm nehmen will. Aber Tyrkir scherzt nicht. Ernst erklärt er: „Thorgest lässt dir ausrichten, dass du ihn bestiehlst, wenn du ihm die Pfosten wieder wegnimmst. Und wenn du sein Land betrittst, wird er dich empfangen, wie es sich für einen Dieb gehört. Uns hat er mit Steinen beworfen."

 **E**r erzählte ihnen, er habe vor, das Land zu suchen, das Gunnbjörn (...) gesehen hätte. (...) Wenn er dieses Land gefunden hätte, würde er wieder zu seinen Freunden zurückkehren.

Aus der *Saga von Erik dem Roten*

Kalte Wut steigt in Erik auf. Er muss sein Eigentum zurückholen, egal zu welchem Preis. Wortlos holt er seine Waffen: das geschärfte Schwert und die Streitaxt. Auch die Knechte greifen zu ihren Äxten. Dann springen sie auf die Pferde und reiten in vollem Galopp davon.

Oben: Islandpferde haben einen kräftigen Körperbau und gelten als ausgesprochen robust und zuverlässig. Im harten isländischen Winter entwickeln sie ein besonders dichtes Fell.

Thorhild sieht ihnen mit versteinerter Miene nach. Ihr ist nicht wohl bei dem Gedanken, dass nun gar keine Männer mehr auf dem Hof sind. Es sind unsichere Zeiten. Und Erik hat sich überall Feinde gemacht. Plötzlich spürt sie ein schmerzhaftes Ziehen im Kreuz. Das Kind will geboren werden. Und in der Nacht, in der sich Erik gewaltsam seine ererbten Pfosten zurückholt und dabei in einem wahren Blutrausch zwei von Thorgests Söhnen totschlägt, holt die alte Hebamme, die schon bei Leifs Geburt geholfen hat, Eriks zweiten Sohn, den kleinen Thorstein, auf die Welt. Völlig erschöpft schläft Thorhild nach der Geburt ein, das Kind neben sich an ihrer Seite.

In der Nacht erwacht sie und tastet nach dem Kind. Erschrocken richtet sie sich auf, denn der Kleine ist nicht mehr neben ihr. Da entdeckt sie Erik auf dem Stuhl an ihrem Bett. Er hält das Kind in seinen Armen und wiegt es vorsichtig hin und her. Zerschlagen und schmutzig sieht er aus. Seine Tunika ist am Hals zerrissen und Blut klebt an seinem Ärmel. Mit liebevollem Blick betrachtet der Vater seinen Sohn. Da vergisst Thorhild all ihren Groll. „Unsere Kinder brauchen ein Dach über dem Kopf und einen friedlichen Ort, an dem sie aufwachsen können", sagt sie zu Erik. „Gibt es irgendwo auf der Welt solch einen Ort?"

Unten: Siedler, die neues Land in Besitz nehmen wollen, lassen sich von den von ihren Vorvätern ererbten Hauspfosten zu ihren neuen Siedlungsplätzen leiten. Sie werfen sie kurz vor der Küste ins Wasser und errichten dort, wo sie angeschwemmt werden, ihr Haus.

Ohne den Blick von seinem Sohn zu nehmen, sagt Erik zu ihr: „Ich wollte immer in Frieden mit meinen Nachbarn leben. So wie ich es dir bei unserer Hochzeit versprochen habe. Aber es gelingt mir unter diesen verfluchten isländischen Halunken einfach nicht. Diesen Ort, von dem du sprichst, wird es erst geben, wenn ich das Versprechen eingelöst habe, das ich meinem Vater auf dem Sterbebett gegeben habe. Ich muss nach dem Land suchen, dass Gunnbjörn vor vielen Jahren im Westen gesehen haben will. Und wenn ich es gefunden habe, glaub mir, Thorhild, dann wird alles gut mit uns."

Und als Erik auf dem Thing für den Mord an Thorgests Söhnen für drei Jahre aus Island verbannt wird, ist die Zeit, nach Westen aufzubrechen, endlich gekommen. Da Thorgests mächtige Sippe die Strafe für viel zu gering erachtet, will sie sich nun selbst Gerechtigkeit verschaffen. Thorgest stellt bewaffnete Horden zusammen. Mit ihren wendigen Booten suchen sie Insel für Insel nach dem roten Erik ab, der sich bei Freunden versteckt hält. Sie hetzen ihn von allen Seiten wie bei einer Treibjagd.

„Schließe dich den Horden an, die in Britannien Beute machen!", rät ihm einer seiner Freunde. „Sie suchen Männer wie dich. In drei Jahren, wenn deine Verbannung endet, kommst du als gemachter Mann nach Hause."

„Das ist ein lohnendes Geschäft", stimmt ein anderer zu. „Die Engländer haben so große Angst vor uns Wikingern, dass sie ein üppiges Danegeld bezahlen, um dem Angriff zu entgehen. 10 000 Pfund Silber haben die Nordmänner erst kürzlich vom englischen König bekommen."

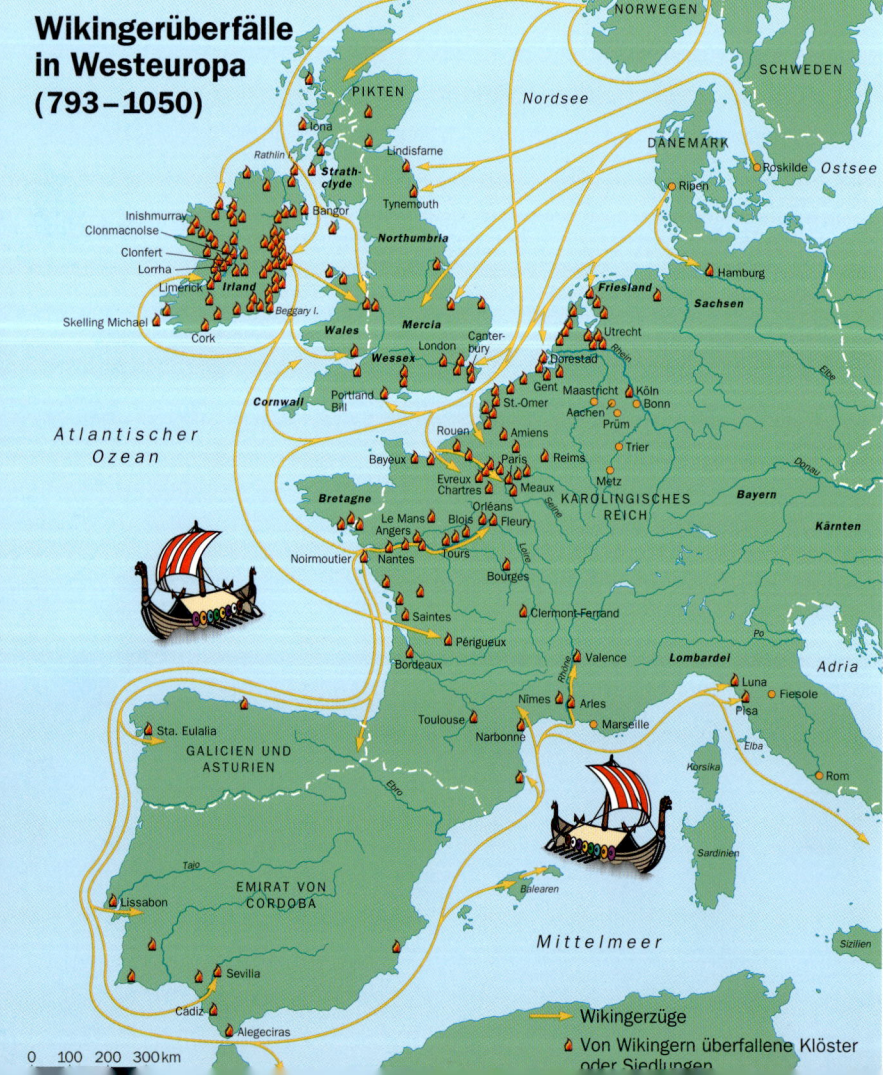

Wikingerüberfälle in Westeuropa (793–1050)

NORWEGEN · SCHWEDEN · Nordsee · PIKTEN · Iona · Lindisfarne · DÄNEMARK · Rathlin I. · Strathclyde · Bangor · Tynemouth · Roskilde · Ostsee · Ripen · Northumbria · Inishmurray · Clonmacnoise · Clonfert · Lorrha · Limerick · Irland · Beggary I. · Hamburg · Skelling Michael · Cork · Wales · Mercia · Canterbury · Friesland · Sachsen · London · Dorestad · Utrecht · Rhein · Wessex · Maastricht · Köln · St.-Omer · Aachen · Bonn · Gent · Prüm · Cornwall · Portland Bill · Rouen · Amiens · Trier · Atlantischer Ozean · Bayeux · Paris · Reims · Evreux · Meaux · Metz · Chartres · Orléans · KAROLINGISCHES REICH · Bayern · Kärnten · Bretagne · Le Mans · Blois · Fleury · Angers · Tours · Noirmoutier · Nantes · Bourges · Clermont-Ferrand · Saintes · Po · Périgueux · Valence · Lombardei · Adria · Bordeaux · Luna · Fiesole · Pisa · Nîmes · Arles · Toulouse · Marseille · Narbonne · Elba · Sta. Eulalia · GALICIEN UND ASTURIEN · Korsika · Rom · Ebro · Tajo · Sardinien · Lissabon · EMIRAT VON CORDOBA · Balearen · Mittelmeer · Sizilien · Sevilla · Cádiz · Alegeciras

0 100 200 300 km

→ Wikingerzüge
🔺 Von Wikingern überfallene Klöster oder Siedlungen

866: Wikinger unter ihrem Anführer Ivar landen in England. Besonders gefürchtet waren die Berserker: Wikingerkrieger, die sich, in Bären- oder Wolfsfelle gehüllt, mit furchterregendem Brüllen in die Schlacht stürzen. Helme mit Hörnern oder Flügeln trugen die Wikinger allerdings nicht. Die hat man später erfunden.

„Du könntest auch nach Byzanz gehen", schlägt ein dritter Freund vor. „Der Kaiser da wirbt Wikinger für seine Leibgarde an. 6000 Nordmänner stehen bereits in seinen Diensten. Sie genießen hohes Ansehen."

Aber Erik will weder durch Überfälle zu Reichtum kommen, noch will er sich in den Dienst eines fremden Herrschers stellen. Er will Land zum Siedeln finden, sein eigener Herr sein und in Frieden leben. Jetzt ist der Zeitpunkt gekommen, seinen großen Traum wahr zu machen. Sobald das Schiff ausgerüstet ist, wird er nach Westen aufbrechen. Er wird das Land finden, von dem Gunnbjörn berichtet hat: Vier Tagesreisen westlich soll es liegen, höchstens fünf bei schwachem Wind. Mit großen, eisbedeckten Bergen, die man, lange bevor man die Küste erreicht, schon sieht.

Seinen Freunden, die ihn viele Tage lang vor Thorgests Horden versteckt haben und sich an seiner statt um Thorhild und die Kinder kümmern wollen, verspricht er, ihnen eines Tages zurückzugeben, was sie für ihn getan haben. Aber als sich das Schiff von der Küste entfernt, haben die Freunde Tränen in den Augen. „Wir werden den alten Träumer nicht mehr wiedersehen", sagt einer. „Er wird vom Rand der Welt in den Abgrund fallen."

Als die Küste Islands im Meer versinkt, fällt eine große Last von Erik ab. Endlich ist er auf der Fahrt, von der er seit seiner Kindheit geträumt hat. Der Wind kommt von Osten. Das Schiff gleitet in schnellem Tempo über die Wellen dahin.

Von Norwegen soll man nach Grönland segeln, und dabei wird so weit nördlich der Shetlandinseln gesegelt, dass diese nur dann gerade noch zu sehen sind und so weit südlich von Island, dass man dort Vögel und Wale bemerkt.

Aus dem *Hauksbok*

Erik kann das Land, nach dem sie suchen, in seinem Inneren spüren. Sie steuern es geradewegs an, da ist er sich sicher. Vier Tage fliegt das Wogenross wie eine Möwe über die hohen Wellenkämme, als wisse es den Weg. Immer kälter wird es, bis auch das Wasser, das sie umgibt, gefroren ist. Einige hohe Eisberge ziehen an ihnen vorüber. Geschickt weicht Erik ihnen aus. Beängstigend ist es besonders in der Nacht, wenn einer dieser eisigen Riesen lautlos an ihnen vorübergleitet und die Mannschaft in ihrem hölzernen Boot vor Angst

Grönland

Grönland ist die größte Insel der Erde und etwa sechsmal so groß wie Deutschland. Gerade mal 16 Prozent der Insel sind eisfrei, der Rest des Landes ist von einer durchschnittlich 1500 Meter dicken Eisschicht bedeckt. An manchen Stellen ist die Schicht sogar 3500 Meter dick. Die Entfernung zum Nordpol beträgt 740 Kilometer. Die tiefste Temperatur, die auf Grönland gemessen wurde, betrug minus 70 Grad. Grönland ist ca. 151 Seemeilen – ca. 280 Kilometer – von Island entfernt.

Oben: Erik der Rote erreicht Grönland, das zu seiner Zeit wärmer ist als heute. Laut den Sagas hat es bei seiner Überfahrt kaum Stürme und Treibeis gegeben. Die Jahrestemperatur liegt um etwa drei Grad höher als in unserer Zeit.

? Wikingerschiffe

Man unterscheidet die Schiffe der Wikingerzeit in Langschiffe und in Lastschiffe. Beide Schiffstypen hatten jeweils nur ein Deck und waren offen. Auf dem einzigen Mast kam ein viereckiges Segel zum Einsatz. Gewebte Bahnen unterschiedlicher Färbung wurden zusammengenäht und mit Lederstreifen verstärkt. So erhielten die Segel ein Streifenmuster. Die Schiffe wurden mit einem auf der Steuerbordseite befestigten breiten Ruder gesteuert. Zu den Langschiffen gehören die pfeilschnellen, schlanken, leichten Drachenboote, die im Krieg und auf Raubzügen zum Einsatz kamen. Mit ihrem geringen Tiefgang konnte man mit ihnen nah an die Küste heransegeln. Auf ihnen kamen auch Ruder zum Einsatz. Die größten Drachenboote konnten 100 Mann Besatzung aufnehmen. Als Lastschiff auf Handelsreisen ebenso wie zur Fahrt nach Island oder Grönland diente der robuste, hochseetüchtige Knorr. Er konnte durch erhöhte Schiffswände enorme Mengen an Fracht und sogar Vieh aufnehmen.

und Kälte zittert. Aber Erik vertraut auf sein Schiff. Es wird sie ans Ziel bringen. Der Wind fegt sie über das Meer nach Westen.

Dann, am fünften Tag auf dem offenen Meer, umgeben von treibendem Eis, da sehen sie es, das neue Land, das Erik ihnen versprochen hat. In der Ferne kommt ein Gletscher in Sicht, der bis in den Himmel reicht. Einen ganzen Tag lang werden sie noch segeln – dann haben sie die Küste erreicht.

„Lass uns umkehren und nach Hause fahren, Herr", bitten die Knechte zitternd vor Kälte. Sie haben das Land, von dem Gunnbjörn Ulfsson berichtet hat, gefunden – ja! Aber zum Siedeln taugt es nicht. Es ist eine einzige abweisende Eisfestung. Kein Wunder, dass Gunnbjörn nicht an Land gegangen ist!

„Jetzt ist noch Zeit, Herr. Wenn wir erst an der Küste sind, dann reichen die Vorräte für die Rückfahrt nicht mehr." Aber Erik hält stur auf die Küste zu. Er scheint überhaupt nicht zu frieren. Nicht einmal eine Mütze hat er auf. Der Eiswind peitscht ihm seine langen roten Haare ins Gesicht, und dennoch leuchten seine Augen. Er beschreibt den Knechten mit ruhiger Stimme die Wiesen, die hinter den hohen Gletschern im Inneren des Landes verborgen sind, bis auch sie das grüne, saftige Land seiner Träume vor Augen haben. Eine erwartungsvolle Freude zeigt sich auf den Gesichtern, als sie sich durch das Treibeis den Weg zur Küste erkämpfen.

Erik sollte Recht behalten. Durch die schroffen Berge und Gletscher vor dem eisigen Atem des Ozeans geschützt ist das Land im

Die Inuit

Das Wort Inuit bedeutet „Mensch". Als Inuit bezeichnen sich die Menschen, die auf Grönland, aber auch im Norden Kanadas und auf den Inseln des Arktischen Ozeans zwischen Kanada und Grönland leben – der lebensfeindlichsten Region der Erde. Ihre Sprache heißt Inuktitut. Sie zählen zu den Eskimos. Das Wort Eskimo bedeutet „Rohfleischesser" – so wurden die Inuit ursprünglich herabsetzend von den Indianern genannt. Etwa 3000 v. Chr. kamen ihre Vorfahren von Asien über die Beringstraße – damals eine Landbrücke – nach Alaska. Von dort wanderte ein Teil weiter nach Grönland und siedelte sich dort an. Die Inuit waren als reine Jäger perfekt an die arktische Kälte angepasst. Sie lebten in Siedlungen mit Häusern, die aus Stein, Walknochen oder Erde erbaut waren. Häuser aus Schnee – die berühmten Iglus – dienten ihnen als Schutzunterkunft während ihrer Jagd auf Robben, Walrosse, Karibus oder Wale.

Unten: Die Geduld des Inuit wird belohnt: Er kann die Robbe in dem Moment erbeuten, als sie zum Luftholen aus dem Eisloch an die Oberfläche kommt. Oft müssen die Jäger viele Stunden völlig regungslos darauf warten.

Inneren jetzt im Sommer tatsächlich grün. Sanfte, von Blumenwiesen bedeckte Hänge liegen an breiten, ruhigen Fjorden. Nie zuvor hat Erik solch eine Farbenpracht gesehen. Orchideen und blauer Schneeenzian blühen mit wilden Rosen um die Wette. Ich wünschte, Thorhild könnte das alles sehen!, denkt Erik. Die Wirklichkeit übertrifft seine Träume bei Weitem.

In den drei Jahren seiner Verbannung erkundet Erik systematisch die zerklüfteten Küsten des neuen Landes. Dann trifft er seine Wahl. Er siedelt sich weit im Süden an der schönsten Stelle der Insel an: am Ende des Eriksfjords, wie er die Meerenge selbstbewusst nennt, geschützt vor der rauen See. „Dieses Mal sind wir die Ersten!", brüllt er, so laut er nur kann, über den Fjord, als wolle er sein Glück seinem Vater Thorvald mitteilen. „Die Ersten, die Ersten, die Ersten", hallt das Echo von den Felswänden zurück. Er steckt sich großzügig Land für den Hof Brattahlid ab, auf dem er mit Thorhild alt werden will und auf dem seine Söhne groß werden sollen.

Die Winter verbringt er mit seinen Leuten auf vorgelagerten Inseln, wo die Gefahr, vom Eis eingeschlossen zu werden, geringer ist. Zudem sind sie auf Menschen gestoßen. Inuit nennen sie sich.

Eriks Männer wissen noch nicht, ob diesen dunkelhaarigen Leuten zu trauen ist, die in kleinen offenen Booten auf die Jagd nach Seehunden und Walrossen gehen. Durch die Überwinterung auf den abseits liegenden Inseln vermeiden sie jeden Konflikt mit ihnen. In den drei Jahren, die sie hier siedeln, kommt es auch in Eriks Gefolge zu keinem einzigen Streit.

Das Land, das er entdeckt hatte, nannte er
Grönland, grünes Land, weil er glaubte, dass es
die Leute eher anziehen würde, wenn es einen
schönen Namen hätte.

Aus der *Saga von den Grönländern*

Sie nutzen die Zeit der Verbannung und erlegen zahlreiche Walrosse. Deren Stoßzähne sind ein Vermögen wert. Auch Seehundfelle erbeuten sie oder handeln deren Felle von den Inuit ein. Wenn die Wikinger daheim in Island sehen, was für Schätze das neue Land bereithält, werden sie sich leicht überreden lassen, Erik zu folgen und auf das neue Land überzusiedeln. Grönland – Grünland – tauft er seine Insel. Den Menschen in Island wird es bestimmt gefallen, in ein Land mit solch einem schönen Namen zu fahren. Als das letzte Jahr seiner Verbannung sich dem Ende zuneigt, fährt er zurück nach Island.

Mehr als drei Jahre ist Erik von zu Hause fort gewesen. Jetzt will er vor allem Eines: seine Frau und die beiden Jungen in die Arme schließen. Und dann wird er alles, was sie besitzen, auf sein Schiff laden und mit Thorhild in ein neues, besseres Leben davonsegeln.

Doch Thorhild bereitet ihrem Mann einen kühlen Empfang. Wie erstarrt sitzt sie an ihrem Webstuhl, als er durch die Tür tritt. Damals ging er, ohne Abschied von ihr zu nehmen. Erst von anderen hat sie erfahren, dass er nach Westen aufgebrochen ist. Wie oft hat sie ihn für seinen Jähzorn verflucht!

Siedlungen auf Grönland

Erik der Rote bricht um das Jahr 985 mit etwa 700 Menschen auf, um Grönland zu besiedeln. Sein Hof Brattahlid wird zum Zentrum der „Ostsiedlung" am Eriksfjord im Süden Grönlands. Andere Siedler lassen sich 500 Kilometer davon entfernt in Richtung Norden in der „Westsiedlung" nieder. Zu dieser Zeit ist das Wetter auf Grönland sehr viel milder als heute. Um das Jahr 1000 leben etwa 3000 bis 5000 Menschen auf Grönland. Mit Norwegen und Island unterhält Grönland rege Handelsbeziehungen. Mit Einführung des Christentums bekommt Grönland sogar einen Bischofssitz.

Um das Jahr 1350 wird die Westsiedlung aufgegeben, um das Jahr 1500 ziehen sich auch die Wikinger der Ostsiedlung aus Grönland zurück. Der Hauptgrund dafür ist, dass das Klima immer kälter wird. Ob auch Seuchen und kriegerische Auseinandersetzungen mit den Inuit die Wikinger dazu bringen, Grönland zu verlassen, kann nur vermutet werden.

Unten: Speckstein ist auf Grönland reichlich zu finden. Die Wikinger fertigen daraus viele Haushaltsgegenstände wie Töpfe, Becher, Schalen und auch Spielzeug und Werkzeug.

Anfangs musste sie ihre Kinder vor Thorgests Sippe verstecken. Wie groß war ihre Angst, dass Thorgest aus Kummer über seine erschlagenen Söhne Blutrache an den Kleinen verüben würde. Erst als man sich auf Island erzählte, dass der rote Erik auf dem Meer umgekommen sei und nie mehr nach Hause zurückkehren werde, entspannte sich die Lage. Und jetzt, wo endlich Frieden eingekehrt ist, da kommt Erik zurück.

„Du freust dich ja nicht besonders, mich zu sehen!", sagt Erik in ihrem Rücken.

„Worüber soll ich mich freuen?", fragt Thorhild bitter. „Darüber, dass sie dich jetzt wieder jagen werden? Dass wir wieder jede Nacht Wachen aufstellen müssen, aus Angst vor Thorgests Sippe? Darüber, dass jetzt wieder Blut fließen wird? Und wir auch dieses Haus wieder verlassen müssen?"

„Nein, Thorhild. Darüber, dass ich jetzt endlich den Ort gefunden habe, wo wir in Frieden unsere Kinder großziehen können." Und Erik erzählt ihr von den geschützten Fjorden Grönlands, in denen es Fische im Überfluss gibt, und vom Weidegras, höher und fetter als das auf Island. Von den Gletschern und der klaren Luft, in der man viel weiter sehen kann als anderswo auf der Welt.

Als Erik von Brattahlid und dem Haus, das er dort für sie errichtet hat, erzählt, kennt sein Stolz keine Grenzen. Er berichtet von seinem Plan, weiter oben in den Bergen eine Alm für das Vieh zu errichten. „Dort werden wir Butter und Quark herstellen. Die Stel-

Rechts: Die Ruinen von Brattahlid am Eriksfjord. Hier sind die fruchtbarsten Flächen Grönlands zu finden, die Landwirtschaft ermöglichen. Tiere und Menschen sind im Inneren des Fjords vor dem kalten, nebligen Küstenwetter geschützt.

le habe ich mir bereits ausgeguckt. Es gibt dort einen klaren Bergsee. Man muss die Angel nur hineinhalten, schon hat ein Fisch angebissen."

Thorhild wird nachdenklich. Was Erik erzählt, gefällt ihr. Ist Erik wieder der Mann von früher geworden? Der Mann, der so viel Kraft hat, dass er die ganze Welt auf seinen Schultern tragen kann? Vielleicht hat er Recht und wir können in Grönland wirklich ein neues Leben anfangen, denkt sie und sieht ihre Kinder bereits über die Blumenwiesen von Brattahlid laufen. In dem Moment kracht die Tür des Hauses auf und Tyrkir steht auf der Schwelle. Er ruft aufgeregt: „Wir müssen weg, Herr. Thorgest und seine Leute sind da. Sie haben gehört, dass wir zurück sind. Gleich werden sie hier sein. Komm!"

Und Erik stürmt ohne ein Wort des Abschieds mit Tyrkir hinaus. Aber dieses Mal vermeidet der Hitzkopf jedes Blutvergießen. Er bietet Thorgest eine ganze Schiffsladung mit wertvollem Walrosselfenbein als Friedensangebot. Als Thorgest eingeschlagen hat, beginnt Erik damit, Siedler für Grönland zu werben. Mehr als 700

Erik der Rote wohnte in Brattahlid. Er stand in hohem Ansehen und alle unterwarfen sich seiner Autorität.

Aus der *Saga von den Grönländern*

Erik der Rote

Der rothaarige Norweger Erik wird um das Jahr 960 geboren. Mit seinem als Raufbold bekannten Vater Thorvald verlässt er im Alter von elf Jahren fluchtartig seine Heimat und siedelt nach Island über, um der Blutrache zu entgehen. Dort heiratet er Thorhild, die Tochter eines wohlhabenden Bauern, und wird Vater mehrerer Kinder. Nach blutigen Auseinandersetzungen auf Island wird Erik verbannt. Er nutzt die Zeit der Verbannung und erkundet Grönland, wohin er um das Jahr 985 übersiedelt. Als er um das Jahr 1003 auf seinem Großbauernhof Brattahlid wahrscheinlich an einer Epidemie stirbt, genießt er große Anerkennung als Jarl über eine Gemeinschaft von 3000 bis 5000 Menschen.

Oben: Ein moderner Stein zum Gedenken an die Landung Eriks des Roten auf Grönland. Bis zu 3000 Menschen folgen ihm nach, um hier zu siedeln.

Menschen sind bereit, mit ihm ins Ungewisse aufzubrechen und dort einen Neuanfang zu wagen – so ansteckend ist seine Begeisterung. Auch wenn von 25 Schiffen nur 14 ihr Ziel erreichen, weil einige im Sturm untergehen und andere umkehren, gelingt es, zwei Siedlungen auf Grönland zu gründen, die viele Jahrhunderte fort bestehen werden.

In den Anfangsjahren ist Erik Tag für Tag für die Leute im Einsatz, damit die Besiedlung gelingt. „Errichtet eure Häuser entlang den Fjorden. Dann könnt ihr mit den Schiffen bequem die Heuernte einbringen. Und habt ihr gesehen, wie viele Seehunde sich in den Fjorden tummeln? Hunger ist auf Grönland gänzlich unbekannt", sagt er lachend. Mit dem Tran der Seehunde könnten sie die Häuser beheizen und ihre Lampen beleuchten. Den Teer, den sie aus den Knochen der Tiere gewinnen, könnten sie zum Abdichten der Boote und auch zum Bestreichen der Zelte, die auf den Schiffen Schutz bieten, verwenden.

Rechts: Von den 25 Schiffen, die Erik den Roten 985 nach Grönland begleiten, erreichen nur 14 das Ziel. Es wird vermutet, dass die meisten Schiffe in einem baulich schlechten Zustand waren, da es auf Island kein Holz gibt.

Auch beim Hausbau weiß Erik aus der Erfahrung der letzten drei Jahre guten Rat: „Denkt an die Winterstürme. Die Wände eurer Häuser müssen so dick wie fünf nebeneinanderstehende Männer sein." An den Küsten findet sich ausreichend Treibholz für den Bau.

Erik zeigt ihnen auch die Lagerstätten an Speckstein. „Ihr seht es ja selbst: Speckstein ist reichlich da. Daraus lässt sich glänzendes Geschirr und Werkzeug machen."

Viehzucht, Ackerbau, Handel und Fischfang – davon leben die Wikinger auf Island. „Auf Grönland kommt noch die Jagd hinzu", erklärt er den Siedlern. „Schneehasen und Rentiere ergeben einen köstlichen Braten! Die Jagd mit Pfeil und Bogen müsst ihr dafür zwar noch lernen. Aber wie das geht, zeige ich euch. "

Walstraße und Wogenross

Die Wikinger hatten etwa 500 Umschreibungen für das Meer, so gut kannten sie die See und ihre Launen. Ebenso viele Namen wie für das Meer hatten sie für ihre Schiffe, mit denen sie verwachsen zu sein schienen. Das Meer nannten sie z. B. Dach der Wale, Ebene der Inseln, Walstraße, Weg des Schiffs oder Segelstraße. Ein Schiff bezeichneten sie als Plankenochse, Bär der Rollen, Windpferd, Wogenross, Wolf der Flüsse, lange Schlange, Pfeil, Falke, Rasiermesser, Drache oder Schwan.

Auch das Fallenlegen bringt er den Neuankömmlingen bei. „Drüben in Norwegen zahlen sie gut für das Fell der weißen Polarfüchse."

Grönland zieht in den folgenden Jahren zahlreiche Siedler an. Und das, obwohl das Land bei Weitem eisiger ist als das grüne Island. Schließlich bestimmt Erik, dass jeder Neuankömmling nur so viel Land in Besitz nehmen darf, wie er mit einer Fackel in der Hand innerhalb eines Tages abschreiten kann. Schließlich soll auch für die Nachzügler noch gutes Weideland übrig sein. Eine Regelung, auf die sich alle einigen können. Bald leben mehr als 3000 Menschen auf Grönland.

Erik lenkt die kleine Gemeinschaft so klug, dass alle auf ihn hören. So wird er zum reichsten und mächtigsten Mann Grönlands – zum Jarl. Deshalb errichten sie bei seinem Hof den Thingplatz, auf dem sie zusammenkommen, um die Angelegenheiten der Gemeinschaft zu beratschlagen. Jeder Neuankömmling auf Grönland besucht zuerst die Eriksfamilie auf Brattahlid, bevor er sich Land aussucht und in Besitz nimmt.

Leif der Glückliche

>>> Sein ältester Sohn ist stets an seiner Seite, wenn Erik Besucher empfängt. Leif ist etwa zehn Jahre alt, als eines Tages der junge, vermögende Kaufmann Bjarni mit seinem alten Vater Herjulf den Hof betritt.

Bjarni war nach zwei Jahren Abwesenheit nach Hause gesegelt, um seinen Vater dort zu besuchen. Aber dann musste er feststellen, dass Herjulf mit Erik nach Westen aufgebrochen ist. „Da habe ich nicht lange gefackelt, hab das Segel wieder hochgezogen und bin euch hinterhergefahren. Ich hab mir gedacht, meine Waren werden auch hier auf Grönland ihre Käufer finden."

„Da hast du recht getan, Bjarni", sagt Erik und bietet den Männern Met als Willkommenstrunk an. Beim Met berichtet Bjarni

Unten links: Grönland – ein Land, das sich gerne verbirgt – im Winter über viele Wochen in der tiefen Dunkelheit der Polarnacht, im Sommer in dichten, lang anhaltenden Nebeln

Dieses Land gleicht dem, was mir von Grönland berichtet wurde, und hier werden wir landen.

Aus der *Saga von den Grönländern*

dann ausführlich von der abenteuerlichen Irrfahrt, zu der die Fahrt nach Grönland für ihn und seine Männer wurde.

„Der Nebel war auf einmal so dicht, man konnte die Hand vor Augen nicht sehen. Es war unmöglich, die Richtung zu bestimmen. Wir sind viel zu weit nach Westen abtrieben. "

„Und dann?", fragt Eriks Sohn Leif neugierig.

„Dann klarte es wieder auf und Land kam in Sicht", sagt Bjarni und nimmt einen tiefen Schluck aus dem Trinkhorn. „Auf Island hatten sie uns von den hohen Gletschern auf Grönland erzählt. Aber das Land, auf das wir stießen, war flach und mit Wald bewachsen. Ich sagte zu meinen Leuten: ‚Das ist nie und nimmer Grönland.'"

„Das hieße ja, dass es im Westen ein unbekanntes Land gibt!", sagt Erik erstaunt.

„Seid ihr an Land gegangen? Habt ihr es erforscht?", fragt Leif wissbegierig.

„Nein, nein!" Bjarni schüttelt entschieden den Kopf. „Ich hatte das Schiff voller wertvoller Ware. Ich wollte nichts riskieren. Die Mannschaft hat zwar gemurrt, aber ich habe das Wogenross einfach wieder zurückgelenkt. Vier Tage hat es gedauert, bis die Küste Grönlands in Sicht kam. Wir sind bei starkem Wind gesegelt. Und wie der Zufall es so will, bin ich genau am rechten Fleck gelandet – direkt an Vaters Hof."

Als Bjarni wieder gegangen ist, bestürmt Leif seinen Vater: „Lass uns gemeinsam aufbrechen und dieses Land suchen, das Bjarni entdeckt hat!" Aber Erik lacht nur und geht hinaus, um zu sehen, wie die Arbeiten an den neuen Stallungen vorankommen, die im kommenden Winter etwa 100 Rindern Schutz bieten sollen. Leif ist ihm gefolgt. „Vater", versucht er es noch einmal, „du hast doch gehört, was Bjarni gesagt hat: In dem Land gibt es Holz. Und was brauchen wir hier dringender als das? Auf Grönland gibt es nirgendwo geeignete Baumstämme für den Schiffsbau."

Doch es ist sinnlos, den Vater weiter zu bedrängen. Erik ist dort angekommen, wo er immer sein wollte. „Was könnte ich mit einer Fahrt nach Westen noch gewinnen?", fragt er Leif. „Die Arbeit würde liegen bleiben und Brattahlid würde verkommen. Nein, glaub mir, Leif: Mein Platz ist hier. Wenn du neues Land suchen willst, musst du allein aufbrechen."

Sie sprechen nicht mehr darüber, aber Leif vergisst Bjarnis Geschichte nie. Er beginnt, von Wäldern weit im Westen des großen

Oben: Ob Trinkhörner tatsächlich im Alltag oder eher bei besonderen Zermonien zum Einsatz kamen, ist bis heute umstritten. Man fand bei Ausgrabungen kein einziges Trinkhorn, da Horn leicht verrottet.

Christentum

Bis zum Jahr 800 glauben die Wikinger an ihre alten Götter. In England, Irland und im Frankenreich ist das Christentum zu dieser Zeit bereits weit verbreitet. Als die Wikinger in diesen Ländern Fuß fassen, gelangt um das Jahr 850 mit reisenden Mönchen der neue Glaube auf den Wogenrössern der Händler bis nach Skandinavien. Als sich der dänische König Harald Blauzahn etwa um das Jahr 960 taufen lässt, lassen sich immer mehr Wikinger von Missionaren bekehren. Der Funke springt um das Jahr 1000 auch auf die Menschen in Island und Grönland über. Etwa 200 Jahre existiert der alte Götterglaube neben dem christlichen Glauben. Viele christliche Wikinger pflegen weiter ihre heidnischen Rituale. Aber schließlich wird der alte Glaube verdrängt.

Rechts: Der norwegische König Olav I. (König von 995 bis 1000) setzt das Christentum mit brutalen Methoden in Norwegen durch. Wer sich nicht taufen lässt, den lässt er töten, verstümmeln oder aus dem Land jagen.

Ozeans zu träumen. Und von einem Leben ohne die Stürme des grönländischen Winters. Von einem wärmeren Land, in dem das Vieh das ganze Jahr über auf der Weide bleiben kann. Die Sehnsucht, das Land, von dem Bjarni berichtet hat, zu finden und zu besiedeln, ergreift ihn ganz. Sie verlässt ihn nicht einmal, als ihn sein Vater nach Norwegen an den Hof von König Olav Tryggvason schickt, wo er wichtige Jahre verbringt und erwachsen wird. Erik folgt damit der guten Wikingertradition, junge Männer ins Ausland zu schicken. Nur wer reist, kann seinen Verstand entwickeln – so ist das allgemeine Denken. Dass er als Jarl von Grönland aber nun in der Lage ist, seinen Sohn mit vielen Geschenken an den Hof des norwegischen Königs zu entsenden, erfüllt Erik mit Stolz. Leif genießt höchste Anerkennung in dem Land, aus dem man Thorvald, seinen Großvater, einst wie einen räudigen Hund fortgejagt hat.

In der Fremde wird Leifs Sehnsucht, nach Westen zu segeln, immer stärker. Er kann es kaum erwarten, endlich zu seiner großen Entdeckungsfahrt aufzubrechen. Als er schließlich nach Grönland zurückkehrt, beschließt er, dass ihn jetzt nichts und niemand mehr davon abhalten kann, sich auf den Weg nach Westen zu machen. Er kauft Bjarni sein altes Schiff ab und stellt eine Mannschaft zusammen. Leif hat das freundliche Wesen seiner Mutter und die Durchsetzungskraft seines Vaters geerbt. Er gewinnt überall schnell Freunde. So finden sich schließlich 35 Menschen bereit, mit ihm ins Ungewisse aufzubrechen.

Leif wünscht sich nichts sehnlicher, als dass sein Vater mit ihm fährt – doch der ist gar nicht gut auf den Sohn zu sprechen. Während seiner Lehrjahre am Hof des norwegischen Königs hat Leif

Erik war nicht willens, seinen alten Glauben abzulegen, doch Thjodhild nahm rasch das Christentum an und ließ in einer gewissen Entfernung zu den Häusern eine Kirche bauen. Dieses Gebäude wurde Thjodhilds Kirche genannt.

Aus der *Saga von Erik dem Roten*

Oben: Nachbau der Thjod-hildskirche auf Grönland, die oberhalb von Brattahlid stand

den alten Kriegerglauben seiner Vorfahren abgelegt. Er hat den christlichen Glauben angenommen und sich taufen lassen. König Olav Tryggvason hatte er versprochen, die christliche Botschaft der Nächstenliebe nach Grönland zu bringen. Mehrere Mönche sind mit ihm gekommen, um den neuen Glauben auf Grönland zu verbreiten.

Als auch Thorhild sich taufen lässt, ihren heidnischen Namen ablegt und sich Thjodhild nennt, schäumt Erik der Rote vor Wut. „Du verrätst die alten Götter, die uns so viel Segen gebracht haben!", fährt er sie an. „Was findest du denn nur an diesem Jesus, der sich nicht mal selbst verteidigen kann? Du betest einen Schwächling an!" Auch die neue Selbstlosigkeit seiner Frau versetzt Erik in Wut. Sie versorgt die gefräßigen Mönche mit seinen kostbaren Vorräten. Die Eltern streiten mit erbitterter Härte um den rechten Glauben. Aber zum ersten Mal ist die Mutter nicht bereit nachzugeben. Der neue Glaube gibt ihr eine Stärke, die ihren Mann überrascht. Sie besteht darauf, auf Brattahlid eine Kirche zu errichten, in der die Gläubigen zusammenkommen können, um zu beten.

„Friede sei mit dir!", grüßen ihn die neuen Christenfreunde seiner Frau, wenn sie morgens sein Land betreten, um hier die ers-

39

te Kapelle Grönlands zu bauen. Erik starrt sie nur finster an. Insgeheim bittet er Thor, Blitze gegen das Bauwerk zu schleudern, damit alles in Flammen aufgeht. Vielleicht ist es doch keine schlechte Idee, all dem den Rücken zu kehren und sich Leifs Expedition anzuschließen? Schließlich willigt er gnädig ein mitzukommen.

Auf dem Weg zum Schiff wirft ihn jedoch sein Pferd ab und er verletzt sich am Fuß. Das begreift er als Zeichen der Götter, doch lieber nicht mit auf die Reise zu gehen. „Mein Platz ist hier", sagt er beim Abschied zu Leif. „Aber der gute alte Tyrkir wird dich begleiten und dir zur Seite stehen."

So begibt sich Leif ohne den Vater auf seine große Fahrt. Und die Winde stehen günstig: Schon nach vier Tagen auf dem offenen Meer erreicht Leif eine unbekannte Küste. Anders als Bjarni setzen sie das Beiboot aus und gehen an Land. Aber sie finden keine Weiden und keine Wälder, nur hohe Gletscher und graue Steine. Reichtümer sind hier nicht zu gewinnen. „Wir segeln weiter!", bestimmt Leif und nennt das Land Helluland – Steinland. Wenig später kommt wieder eine Küste in Sicht. Vom Meer aus sehen sie einen weißen Sandstrand und dahinter Wälder, so weit das Auge reicht. „Hier gibt es das Holz, das uns in Grönland fehlt", sagt Leif

Oben: Leif beim Navigieren mit der Sonnenpeilscheibe. Ob es dieses Gerät tatsächlich gegeben hat, ist umstritten.

Leif Eriksson

Der Wikinger Leif Eriksson wird wahrscheinlich um das Jahr 970 in Island geboren. Sein Vater ist Erik der Rote, der auf Grönland die ersten Wikingersiedlungen gründet. Als Kind verbringt Leif viel Zeit mit Tyrkir, dem germanischen Sklaven seines Vaters, den er als seinen „Ziehvater" bezeichnet. Am Hof des norwegischen Königs wird Leif Christ und verspricht dem König, das Christentum auf Grönland zu verbreiten. Im Jahr 1000 bricht Leif Eriksson mit 35 grönländischen Wikingern auf, um Land zu entdecken, das vor ihm durch Bjarni Herjulfsson bereits gesichtet wurde. Weil Leif das Land – anders als Bjarni – nicht nur gesehen, sondern auch betreten hat, fällt ihm der Ruhm zu, 500 Jahre vor Christoph Kolumbus Amerika als erster Europäer entdeckt zu haben.
Nach seiner Rückkehr löst Leif Eriksson seinen Vater Erik als Jarl über Grönland ab. Leif hat zwei Söhne: Thorkell und Thorgils. Als er um das Jahr 1020 aus unbekannten Gründen stirbt, löst Thorkell ihn als Jarl über Grönland ab.

zufrieden und nennt das Land Markland – Waldland. Da aber auch hier Weiden für das Vieh fehlen, lenkt Leif sein Schiff wieder hinaus aufs offene Meer. Der Ort, an dem sie siedeln wollen, muss beides haben: Wald und Gras. „Und wenn möglich noch einen breiten Fluss vor dem Haus, in dem es Fische gibt. Wie auf Brattahlid", sagt Leif zu den anderen.

Er lenkt das Schiff nach Nordosten. Zwei Tage segeln sie auf dem offenen Meer, bevor sie wieder auf Land stoßen. Sie legen schließlich an einer Insel weit im Norden des neuen Landes an. Und als wollte der Himmel ihnen ein Zeichen geben, klart das Wetter auf einmal auf. Die Sonne zeigt sich und funkelt in den Tautropfen, die zu dieser frühen Morgenstunde noch in den saftigen grünen Grashalmen hängen. Leif kann nicht anders: Er fängt einige Tautropfen mit den Händen auf und führt das köstliche Nass zum Mund. In meinem ganzen Leben habe ich noch nie etwas probiert, das so süß schmeckt!, durchfährt es ihn. Er breitet die Arme weit aus und wendet sein Gesicht zur Sonne, um die wärmenden Strahlen in sich aufzunehmen. Er hat den Ort gefunden, an dem er siedeln wird!

Sie errichten die Häuser schließlich am Ende einer Landzunge, an einem Fluss, der in einen See mündet. Die fettesten Lachse, die sie je gesehen haben, lassen sich hier aus dem Wasser holen. Während sie ihre Häuser bauen, überlegt Leif, wie er dieses gesegnete Stück Erde nennen soll. Soll er es nach den grünen Weiden benennen, nach dem milden

Unten: Man vermutet, dass Leif Eriksson als Erstes die Baffininsel westlich von Grönland ansteuerte und hier auf Helluland traf.
Unten rechts: Waldland. Das Land, an dem Leif Eriksson als Zweites anlegte, liegt vermutlich an der Küste Labradors südlich von Kap Porcupine.

Dieses Land war flach und bewaldet. Da sagte Leif: „Auch dieses Land soll einen angemessenen Namen bekommen und Markland, Waldland, heißen."

Aus der *Saga von den Grönländern*

Vinland

Obwohl die Lebensbedingungen in Vinland weitaus besser als auf Grönland sind, kommt es zu keiner dauerhaften Besiedlung der Neuen Welt. Auch Leifs Schwägerin Gudrid, die mit ihrem Mann Karlsefni und weiteren Siedlern nach Vinland geht, um dort von Ackerbau und Viehzucht zu leben, bleibt nur wenige Jahre. Schuld daran sind kriegerische Auseinandersetzungen mit den Ureinwohnern des Gebietes. Die Wikinger nennen sie *Skraelingar*, was so viel wie Krüppel bedeutet. Man weiß bis heute nicht genau, ob es sich bei den zahlenmäßig überlegenen Angreifern um Indianer oder Inuit handelte.

Klima oder nach den Wäldern? Als der alte Tyrkir sie eines Tages zu Trauben führt, aus denen sich ein köstlicher Wein bereiten lässt, gibt Leif seinem Land den Namen Vinland – Weinland.

Es ist die Sorge um seinen alten Vater, die Leif nach Hause zieht, sobald die Häuser in der Neuen Welt errichtet sind. Auch wenn dieser bei ihrer Abreise gesund war, sagt ihm sein Gefühl, dass ihm nicht mehr viel Zeit mit dem Vater bleibt. Damit möglichst viele Menschen sich verlocken lassen, nach Vinland überzusiedeln, schaffen sie eine volle Ladung Trauben in ihr Beiboot. Dann lenkt Leif das Wogenross zurück nach Grönland.

Als die hohen Berge und Gletscher Grönlands bereits in Sicht kommen, sieht er in einiger Entfernung etwas Ungewöhnliches: einen Felsen, der im Wind zu schaukeln scheint. Es kann sich eigentlich nur um ein gekentertes Wikingerboot handeln. Doch wo sind die Menschen? Angestrengt blickt er in die Ferne. Schließlich entdeckt er die verzweifelten Schiffbrüchigen auf einer Klippe. Sie segeln hart am Wind, um ihnen zu Hilfe zu kommen.

So kommt es, dass Leif auf der Rückfahrt 15 Menschen das Leben retten kann. Seit diesem Tag trägt er den Beinamen „der Glückliche".

Als Leif der Glückliche schließlich wieder in den Eriksfjord hineinsegelt und bei Brattahlid von Bord geht, hat er Land und Ruhm gewonnen. Er ist gerade zur rechten Zeit gekommen: Nur wenige Monate später stirbt sein Vater an einer Seuche. Leif versinkt in tiefer Trauer und sein neuer Name kommt ihm wie reiner Hohn vor.

Leif Eriksson sollte Vinland nie wieder besuchen. Nach dem Tod des Vaters muss er sich um Brattahlid kümmern. Er

Rechts: Zunächst kommt es zu friedlichen Handelsbeziehungen zwischen den Wikingern und den Ureinwohnern der Neuen Welt. Aber als einer der *Skraelingar* einem Wikinger die Waffen abnehmen will, schlägt der Wikinger ihn tot. Die Folge sind blutige Kämpfe.

Unten: Leif springt in der Neuen Welt an Land. Da er nicht weiß, was ihn an der unbekannten Küste erwartet, hat er sich vorsichtshalber mit einer Axt bewaffnet.

wird nun der neue Jarl von Grönland und überlässt es anderen, in der neuen Welt, die er entdeckt hat, zu siedeln.

Die letzte Fahrt der Wikinger nach Vinland, von der wir wissen, erfolgt im Jahr 1347. Als die Wikinger sich auch aus Grönland zurückziehen, kommt es zu keinen weiteren Fahrten nach Vinland.

Das Einzige, was von den großen Entdeckungsfahrten Eriks des Roten und seines Sohns Leif bleibt, sind Geschichten, die sich die Menschen auf Island an den Feuern erzählen.

200 Jahre nach Leif Erikssons Entdeckungsfahrt nach Vinland werden diese Geschichten schließlich aufgeschrieben. Aber zu dem Zeitpunkt lebt schon lange keiner mehr, der sagen kann, ob die alten Geschichten wahr sind oder erfunden. Und das bleibt so lange ungewiss, bis der norwegische Forscher und Abenteurer Helge Ingstad in unseren Tagen den Beweis dafür liefert, dass der wahre Entdecker Amerikas Leif Eriksson heißt.

❓ Kolumbus

Der italienische Seefahrer Christoph Kolumbus bricht 1492 im Auftrag der spanischen Krone mit den drei Schiffen *Santa Maria*, *Niña* und *Pinta* zu einer großen Entdeckungsreise auf, um einen westlichen Seeweg nach Ostasien zu finden. Er erreicht am 12. Oktober eine Insel der Bahamas. Auf der Weiterfahrt erleidet sein Flaggschiff – die *Santa Maria* – vor Haiti Schiffbruch. Mit dem Holz des beschädigten Schiffes baut er die erste spanische Siedlung auf amerikanischem Boden: die Festung La Navidad. Als er sich auf die Rückreise nach Spanien macht, lässt er etwa 30 bis 35 seiner Leute hier zurück.

Bis heute gilt Kolumbus als großer Entdecker Amerikas. Das liegt daran, dass seine Fahrt zu einer dauerhaften Besiedlung geführt hat. Er selbst ist bis zu seinem Tod im Jahr 1506 allerdings fest davon überzeugt, dass er den Weg nach „Hinterindien" entdeckt hat.

Auf den Spuren der Wikinger

>>> **Die Ostküste Neufundlands** ist reich an Fjorden, Buchten und Inseln. Das Leben hier ist hart, die Landschaft karg. In kleinen Fischerorten entlang der sturmgepeitschten Atlantikküste leben nur wenige Menschen. Meist führt nicht einmal eine Straße zu den winzigen Orten, viele der Dörfer sind nur übers Meer zu erreichen. Im Juni 1960 stampft das Küstenschiff *Gould* tapfer entlang der Küste nordwärts. Die *Gould* bringt Medikamente und Impfstoff in die entlegenen Dörfer. In dieser Jahreszeit sind nur noch wenige Eisberge unterwegs, aber aufpassen muss der Skipper dennoch. In wenigen Metern Entfernung zieht gerade einer dieser weißen Riesen vorüber. Die Kälte, die von ihm ausgeht, geht den Menschen an Bord der *Gould* durch Mark und Bein.

Der hochgewachsene Norweger Helge Ingstad, der in dem kleinen Ort St. Anthony an Bord gegangen ist, scheint nichts davon zu spüren. Bereits seit Stunden steht er an der Reling und betrachtet durch ein Fernglas die Küste. In seinem Leben war er schon weitaus extremeren klimatischen Bedingungen ausgesetzt. Etwa, als er einmal neun Monate bei den Nunamiut in Alaska verbracht hat, wo die Temperaturen im Schnitt bei Minus 23 Grad liegen. Im Winter konnten es auch schon mal Minus 43 Grad sein. Genau wie die Nunamiut wohnte Helge Ingstad damals in einem Zelt. Eine einzigartige, ein Leben lang haltende Freundschaft entstand. Helge Ingstad gelang es, das aus nur 65 Menschen bestehende Volk der Jäger und Sammler zu studieren, ihre Lieder und Geschichten aufzuzeichnen und von ihnen zu lernen, in der Kälte zu überleben. Als er zu dieser Expedition aufbrach, hielten ihn alle für verrückt und versuchten, ihn von seinem Plan abzubringen. Aber es ist ein Ding der Unmöglichkeit, Helge Ingstad etwas auszureden, das er sich in den Kopf gesetzt hat.

Was ihn jetzt nach Neufundland getrieben hat, ist bei Weitem verrückter, als bei Temperaturen von bis zu Minus 43 Grad in einem Zelt zu schlafen. Dieses Mal ist er aufgebrochen, um die sprichwört-

Helge Ingstad vermutet, dass Vinland an der Nordküste Neufundlands liegt. Jahrelang sucht er zu Schiff entlang der Küste, mit dem Flugzeug aus der Luft und in wochenlangen Wanderungen an Land nach Leif Erikssons Häusern.

liche Nadel im Heuhaufen zu suchen. Er hat es sich in den Kopf gesetzt, die Häuser zu finden, die der Wikinger Leif Eriksson vor nahezu 1000 Jahren auf dem amerikanischen Kontinent errichtet hat. Dabei steht für die meisten Wissenschaftler noch nicht einmal fest, ob alles, was in den altisländischen Sagas über Erik und Leif steht, auch wirklich der Wahrheit entspricht. Die Wissenschaftler zweifeln stark daran, dass Leif tatsächlich ein Land entdeckte, in dem ihm die Weintrauben regelrecht in den Mund wuchsen.

Doch Helge Ingstad ist sich seiner Sache sicher: Jeder, der auch nur ein bisschen gesunden Menschenverstand hat, muss davon ausgehen, dass die Wikinger bis Amerika vorgedrungen sind, sagt er sich. 1500 Kilometer sind es von Norwegen nach Grönland. Von Grönland bis Amerika ist es im Vergleich dazu nur noch ein Katzensprung! „Sie mussten ja nur noch 161 Seemeilen durch die Davisstraße segeln, schon waren sie da!", argumentiert er. 161 Seemeilen sind gerade einmal 300 Kilometer – keine Entfernung für ein Seefahrervolk wie die Wikinger. Helge Ingstad ist selber Segler, deswegen kann er sich auch so gut in die Wikinger hineindenken. Es wird Zeit, dass den Menschen klargemacht wird, wer der eigentliche Entdecker Amerikas ist. Nicht Christoph Kolumbus, der berühmte Seefahrer, sondern Leif Eriksson 500 Jahre vor ihm.

Je weiter das Schiff nach Norden vordringt, desto höher steigt in dem norwegischen Forscher die Spannung. Er ist seit vielen Jah-

So lange ich denken kann, habe ich mich für Leif Eriksson und die Entdeckung Amerikas interessiert.
Helge Ingstad

> **Ich kam genau zum richtigen Zeitpunkt auf die Welt. Ich habe alles unternommen, was mir wichtig war. Ich trage einen riesigen Erfahrungsschatz und einen Reichtum an Begegnungen mit wertvollen Menschen in mir.**
>
> Helge Ingstad

ren davon überzeugt, dass man Leif Erikssons Häuser – wenn überhaupt – nur im Norden von Neufundland finden kann. Begleitet wird Helge Ingstad von seiner 17-jährigen Tochter Benedicte, die gerade Sommerferien hat. Benedicte kann ihm helfen, die Leute zu befragen. Auch ihre schnelle Auffassungsgabe ist auf dieser Etappe wertvoll.

Kleines Bild: Benedicte Ingstad, die Tochter des großen norwegischen Abenteurers, begleitete ihren Vater als junges Mädchen bei seiner Such-expedition. Heute verwaltet sie sein Erbe.

„Und?", fragt das blonde Mädchen neugierig seinen Vater, während er die trostlose felsige Küste durch sein Fernglas absucht. „Nichts!", sagt Helge Ingstad wortkarg wie immer, und eine leichte Enttäuschung schwingt in seiner Stimme mit. Keine Wiesen, kein Fluss, kein Wald, keine Beeren. Nichts ist hier wie in den Sagas beschrieben.

Er lässt das Fernglas sinken. Bereits seit sieben Jahren ist er den Wikingern auf der Spur. Die Sagas, in denen über die Eriksfamilie berichtet wird, kennt er Wort für Wort auswendig. Er hat mit Experten auf der ganzen Welt gesprochen. Auf Island hat er Wikingersiedlungen besucht, aber auch in England, in Norwegen, auf Grönland. Er hat den Hof Brattahlid erforscht, von dem aus Erik der Rote als Jarl über Grönland geherrscht hat. Er hat sich in die Menschen hineingedacht, die sich in dieser eisigen Wildnis behaupten konnten. Die mit ihren perfekt geformten Schiffen dem Wind, den Wellen und der Weite trotzten.

46

Seit dem Frühjahr hat Helge Ingstad mehrere Tausend Kilometer der Küsten Nordamerikas nach Ruinen abgesucht. Er hat zu Fuß, per Boot und sogar mit dem Flugzeug aus der Luft nach Spuren der Nordmänner gesucht. Er ist zu den Inuit gegangen und wochenlang mit den Indianern durch die Wildnis gezogen, immer in der Hoffnung, die Einheimischen könnten ihn zu den Überresten von Leif Erikssons Häusern führen. All das hat viel Zeit und Energie gekostet und Unsummen an Geld verschlungen – ohne jedes Ergebnis.

Benedicte nimmt ihrem Vater das Fernglas aus der Hand und sieht selbst hindurch. Ein kleiner Ort kommt in Sichtweite „Vielleicht wissen die Leute dort ja etwas von alten Ruinen", sagt sie aufmunternd.

„Ja. Vielleicht", antwortet der Vater seufzend, während die *Gould* auf einige windschiefe Holzhäuschen zuhält. Am Strand, wo die Fische zum Dörren auf Gitter gelegt worden sind, laufen bereits die Kinder zusammen. Ein herannahendes Boot – das ist immer ein großes Ereignis in den verstreuten Küstendörfern.

Helge Ingstad hat sich auch schon allein deshalb zum Gespött der Wissenschaftler gemacht, weil er so weit nördlich nach den Spuren Leif Erikssons sucht. „In den Sagas steht ausdrücklich, dass sie in Vinland Weintrauben gefunden haben. Aber in Neufundland ist und war es schon immer viel zu kalt für Weintrauben. Vinland liegt viel weiter im Süden. Helge Ingstad ist völlig auf dem Holzweg!" Diese Kritik prallt an dem Forscher ab. Vielleicht hat Leif Eriksson seinen Wein damals aus wilden Johannisbeeren oder aus Squashberrys hergestellt. Sie sehen so ähnlich aus wie

 Sagas

Sagas sind Geschichten über die Wikingerzeit, die ab 1190 aufgeschrieben wurden. In den Sagas wird über spannende Ereignisse wie Entdeckungsfahrten, Streitigkeiten, Fehden, Rechtsbrüche und Verbannung berichtet. In den Erzählungen vermischen sich historische Tatsachen und erfundene Geschichten. Die Sagas beschreiben hauptsächlich Ereignisse, die zwischen 930 und 1030 stattgefunden haben. Diese Zeit wird daher auch als Sagazeit bezeichnet.

Die Geschichten über den Amerika-Entdecker Leif Eriksson und seinen Vater, den Grönland-Entdecker Erik den Roten, finden sich in zwei Sagas: in der *Saga von Erik dem Roten* und in der *Saga von den Grönländern*.

D ie Route ist wirklich einfach: den Küsten und Inseln von Baffinland folgen, dann an der Küste Labradors nach Süden steuern, bis Neufundland direkt auf dem Kurs auftaucht. Sacred Island – eine unfehlbare Landmarke, und gleich hinter dieser Insel lag L'Anse aux Meadows.

Helge Ingstad

Weintrauben, und es gibt sie in Neufundland reichlich. Doch andere Indizien erscheinen ihm bei seiner Detektivarbeit stichhaltiger. In den Sagas ist genau beschrieben, welchen Kurs Leifs Schiff nahm und wie viele Tage es auf See war. „Wenn es etwas gibt, was ein seefahrendes Volk korrekt überliefern würde, so sind es Dinge, die mit Schiffen und mit dem Meer zu tun haben", argumentiert Helge Ingstad. Folgt man der Wegbeschreibung der *Vinland-Saga*, dann landet man in Neufundland und nirgendwo sonst. Dafür gibt es noch weitere wichtige Beweise: Karten aus alter Zeit wie die berühmte Skalholt-Karte aus dem Mittelalter, auf der Vinland im nördlichen Teil Neufundlands eingezeichnet ist. Gäbe es diese Karten nicht, er hätte die Suche womöglich schon lange aufgegeben. Die Berichte aus den Sagas, in denen festgehalten ist, wie lange Leif Eriksson von Brattahlid in Richtung der amerikanischen Küste gesegelt sein soll,

Oben: Helge Ingstad zeigt auf einer Karte die Route, die Leif Eriksson nach Vinland genommen hat.

stimmen mit diesen Karten perfekt überein. „Die Karten können nicht lügen", sagt er laut und springt entschlossen an Land.

Als er, kaum von Bord gegangen, wohl zum tausendsten Mal den Leuten die Frage nach alten Gebäuderesten stellt, erhält Helge Ingstad eine überraschende Antwort. „Bei L'Anse aux Meadows soll es so was geben", weiß einer der Fischer. „Dort wohnt George Decker. Den müsst ihr fragen, der kennt sich damit aus." L'Anse aux Meadows – das heißt übersetzt „Bucht bei den Wiesen". Das deutet auf Weidemöglichkeiten hin. Und Weidemöglichkeiten für ihr Vieh – das benötigten die Wikinger, die in Amerika siedeln woll-ten, mehr als alles andere. Helge Ingstad ist augenblicklich hell-wach. Und auch Benedicte spürt, dass zum ersten Mal, seit ihr Va-ter die mühsame Suche begonnen hat, so etwas wie Hoffnung da ist. „Ich fühle mich wie ein Angler, bei dem ein Lachs angebissen hat", sagt Helge zu Benedicte. Der Fischerort L'Anse aux Meadows ist am nördlichsten Zipfel Neufundlands auf einer Halbinsel gelegen, genau da, wo auf der alten isländischen Skalholt-Karte aus dem Jahr 1590 das legendäre Vinland Leif Erikssons eingezeichnet ist. Helge Ingstad kann es kaum erwarten, George Decker zu befragen. Es könnte sein, dass er endlich auf der richtigen Fährte ist.

Und tatsächlich: Als sie George Decker, einem Mann, der sein ganzes Leben als Fischer an diesem abgelegenen Ort verbracht hat, am nächsten Morgen erklären, wonach sie suchen, sagt der nur knapp: „Kommt mit. Ich zeig euch die Ruinen." Er kennt die merk-würdigen Hügel seit seiner Kindheit. Sie waren schon da gewesen, bevor sich seine Familie hier niederließ. Er führt den Norweger und seine Tochter über eine große Ebene, auf der Kühe und Schafe wei-den, nach Westen. Am saftigen grünen Gras hängen zu dieser frü-hen Stunde noch Tautropfen, und Helge Ingstad kommen die Worte aus der alten Saga in den Sinn, in denen es heißt: „Sie sahen, dass Tau im Grase war, und es geschah, dass sie die Hände zum Tau und dann zum Mund führten, und es war ihnen, als hätten sie noch nie so etwas Süßes geschmeckt."

Sie kommen zu einer seichten Bucht und zu einem Bach na-mens Black Duck Brook. Eine Landschaft, genau wie in der Saga über Leif Erikssons Entdeckungsfahrt beschrieben. „Da", der alte Fischer deutet auf eine kleine Erhebung. Auf den ersten Blick er-kennt Helge Ingstad Gebäudereste. Überwucherte Erhöhungen, die man kaum vom Gras unterscheiden kann. Rechteckig – das ist gut. Das deutet auf die Nordmänner hin. Die Behausungen der Inuit

Es war sehr kalt und sehr nass. Ich arbeitete von 8 Uhr morgens bis 6 Uhr abends draußen. Das war manchmal schwer auszuhalten. Aber jeder Tag brachte neue spannende Entdeckungen.

Anne Stine Ingstad

Oben links und rechtes Bild: Die Leifsbudir – „Leifs Hütten" bei L'Anse aux Meadows. Zwei Häuser wurden für die Besucher in der Nähe der Fundstätte nachgebaut.

sind meist rund. Helge Ingstad zählt mindestens fünf Gebäude. Was mag zum Vorschein kommen, wenn sie die Ruinen ausgraben? Sind sie wirklich auf eine Wikingersiedlung gestoßen? Oder ist L'Anse aux Meadows am Ende nur eine weitere Enttäuschung? Er wünschte, Anne Stine wäre jetzt an seiner Seite. Seine Frau ist Archäologin und es wäre gut, ihre Meinung zu diesem Ort zu hören.

Der alte Fischer lässt Helge und Benedicte allein. Helge Ingstad sieht sich um und lässt den Ort auf sich wirken. Er vergleicht ihn in Gedanken mit Brattahlid, dem Hof, auf dem Leif Eriksson heranwuchs. „An dieser Stelle sollten die Archäologen unbedingt graben!", entscheidet er. Die grüne Wiese, der kleine Bach, die Aussicht auf das Meer – Helge Ingstad muss plötzlich lächeln.

„Was ist?", fragt Benedicte ihn. Ihr sonst so zurückhaltender Vater strahlt über das ganze Gesicht. „Leif Eriksson hätte der Ort gefallen!", sagt er ausweichend. Aber dann bricht es aus ihm heraus: „Vermutlich werde ich das nie beweisen können. Aber ich bin mir hundertprozentig sicher, dass Leif Eriksson hier war und dass dies

? Leifsbudir

Leifsbudir – Leifshütten: So nennen Leif Eriksson und seine Männer ihre Siedlung neben dem heutigen L'Anse aux Meadows. Sie liegt am nördlichsten Ende Neufundlands. Die Nordmänner errichten die Häuser in der Epaves Bay, etwa 100 Meter landeinwärts. Die Siedlung wird um das Jahr 1000 gegründet und besteht nur wenige Jahre. Bis heute stellt sie den einzigen Beweis dafür dar, dass die Nordmänner Amerika bereits 500 Jahre vor Kolumbus entdeckt und besiedelt haben.

Links: Anne Stine Ingstad bei den Ausgrabungen in L'Anse aux Meadows. Sie hat eine für Wikingerhäuser typische Feuerstelle entdeckt.

genau der Ort ist, an dem er vor tausend Jahren seine Häuser errichtet hat. Ich kann das spüren."

Unter der Führung von Helge Ingstads Frau, der Archäologin Dr. Anne Stine Ingstad, arbeiten Wissenschaftler aus vielen Ländern zwischen 1960 und 1968 und noch einmal von 1973 bis 1976 an den Ausgrabungen in L'Anse aux Meadows. Sie entdecken die Überreste von acht Häusern aus Holz, Torf und Grassoden, die in ihrer Bauweise den Häusern der Wikinger auf Grönland, Island und Norwegen ähneln. Eines der Häuser diente als Schmiede. Die Wikinger benötigten Nägel aus Eisen zur Reparatur ihrer Schiffe. Die Schmiede, in der man Raseneisenstein verarbeitete, ein Erz, das man in hohen Konzentrationen in Torf, Sand oder Tonklumpen dicht unter dem Gras findet, ist in besonderer Weise ein Beweis dafür, dass es sich bei den Leifsbudir, wie die Hütten genannt werden, um eine Siedlung der Nordmänner handelt. Denn die Verarbeitung von Eisen war sowohl den Dorset-Eskimos als auch den Beothuk-Indianern, die in diesem Gebiet gelebt haben, fremd. Bei vieren der acht Häuser, die zum Vorschein kommen, handelt es sich vermutlich um Werkstätten oder um Bootshäuser, wie sie auch von anderen Wikingersiedlungen bekannt sind.

Da sich die Wikinger nach kriegerischen Auseinandersetzungen mit den Ureinwohnern des Gebiets von diesem Ort zurückgezogen

haben, ließen sie keine wertvollen Gegenstände zurück. Aber das Archäologenteam sieht im Laufe der Jahre viele kleine Gegenstände aus dem Erdreich heraus. Sie geben einen Eindruck vom Alltag der Wikinger: Bootsnägel, steinerne Lampen, in denen Tran entzündet wurde, eine ringförmige, aus Bronze gefertigte Kleidernadel, mit der man einen Umhang an der Schulter zusammenhalten konnte. Als Anne Stine Ingstad das zerbrochene Stück einer Spindel aus Speckstein entdeckt, muss sie unwillkürlich an Leif Erikssons Schwägerin Gudrid denken, die den Sagas nach einige Jahre in Vinland gesiedelt hatte. Vielleicht gehörte die Spindel einmal ihr. Vielleicht saß sie manchmal Wolle spinnend vor ihrem Haus, blickte aufs Meer hinaus und dachte an ihre Familie in Grönland, überlegt sich Anne Stine.

Natürlich ist es für die Wissenschaftler schwierig, nachzuweisen, dass es tatsächlich Leif Eriksson war, der die Häuser errichtet hat. Aber einiges deutet darauf hin. Mithilfe der Radiokarbondatierung wurde das Alter der Häuser auf die Zeit um das Jahr 1000 bestimmt. Sie entstanden also genau zu der Zeit, als Leif Eriksson seine Fahrt unternahm.

Es gibt unterschiedliche Ansätze, das Leben der Wikinger zu erforschen. Funde von Archäologen wie Helge und Anne Stine Ingstad helfen, sich ein Bild von den Häusern, den Siedlungsgebieten und dem Alltagsleben der Wikinger zu machen. Viele Forscher fasziniert vor allem die Frage, was die Wikinger zu so erfolgreichen

Rechts: Webstuhl in einem nachgebauten Wikingerhaus in L'Anse aux Meadows. Spinnen, Weben und die Verarbeitung von Stoffen gehörten zu den wichtigsten Pflichten der Wikingerfrauen.

 ## Helge Ingstad

Helge Ingstad wird 1899 in Norwegen geboren und wächst in der Stadt Bergen auf. Nach der Schule wendet er sich zunächst den Rechtswissenschaften zu und arbeitet als Jurist. Dann ändert er sein Leben radikal und geht für vier Jahre als Trapper nach Kanada. Das Buch über diese Erfahrung wird zum Bestseller. Sein besonderes Interesse gilt den Indianern und Eskimos im Norden Kanadas, mit denen er monatelang lebt und deren Lebensgewohnheiten er dokumentiert. 1932 macht er einen Ausflug in die Politik und wird u.a. Gouverneur auf Grönland. 1941 heiratet er die Archäologin Anne Stine. Ihre gemeinsame Tochter Benedicte begleitet die Eltern auf ihren vielen Entdeckungsreisen. Die Ingstads suchen systematisch nach Wikingersiedlungen auf dem amerikanischen Kontinent. 1960 entdecken sie schließlich die Siedlung L'Anse aux Meadows. Als Helge Ingstad 2001 im Alter von 101 Jahren stirbt, wird der große Entdecker in Oslo mit einem Staatsbegräbnis geehrt.

Eigen Haus, ob eng, geht vor,
Daheim bist du Herr,
Zwei Ziegen nur und dazu ein Strohdach
Ist besser als betteln.

Aus der *Lieder-Edda*

Oben: Ein Wandbehang aus der Wikingerzeit. Ein Nordmann nimmt von Frau und Kind Abschied.

Seefahrern machte. Wie erging es Erik und Leif auf ihren Fahrten? Wie schnell und seetüchtig waren ihre Schiffe? Wie konnten sie ohne Kompass und Seekarte ihren Weg finden? Um das herauszufinden, muss man wie der Weltumsegler Burghard Pieske mit dem Nachbau eines Wikingerschiffs von Europa nach Amerika fahren.

Radiokarbondatierung

Die Radiokarbondatierung ermöglicht die genaue Altersbestimmung des Holzes, das die Wikinger in L'Anse aux Meadows zum Bau ihrer Häuser verwendeten. Sie beruht darauf, dass alle Pflanzen, solange sie leben, das radioaktive Kohlenstoffisotop ^{14}C speichern. Wird ein Baum gefällt, zerfällt mit diesem Zeitpunkt allmählich der gespeicherte Kohlenstoff und wird als messbare Strahlung an die Umwelt abgegeben. Nach 5730 Jahren hat der ^{14}C-Gehalt etwa um die Hälfte abgenommen. Anhand der Stärke der Strahlung kann man so den Zeitpunkt herausfinden, wann der Baum gefällt wurde.

7

Im Drachenboot nach New York

>>> **Der Sturm überfällt die drei Männer** in der Dänemarkstraße, einer Meerenge zwischen Island und Grönland, mitten in der Nacht. Es beginnt damit, dass der Wind zulegt und das Grollen der See lauter wird. Der Wind scheint von allen Seiten zugleich zu blasen. Das Segel verdreht sich. Mit einem Blick über die Schulter stellt Burghard Pieske fest, dass die grauschwarzen Wellen sich hinter ihnen acht, neun Meter hoch auftürmen. Jetzt darf er sich um Himmels Willen nichts anmerken lassen. Seine Teamkameraden Jürgen und Peter befinden sich zum ersten Mal auf dem offenen Meer in einem Sturm. „Hab' schon viel Schlimmeres erlebt!", brüllt Burghard den beiden gegen das Heulen des Windes zu.

Aber das ist eine faustdicke Lüge. Der leidenschaftliche Segler Burghard Pieske ist auf seiner zehnjährigen Weltumsegelung natürlich schon oft in schwere Stürme geraten. Aber nie in einem offenen Boot. Erst recht nicht in einem Wikingerboot! Das Herz schlägt ihm bis zum Hals.

Plötzlich vernimmt er ein unheilvolles Dröhnen, das das 13 Meter lange Boot vibrieren lässt. Im selben Augenblick ergießt sich ein Schwall eisiger Gischt in Burghard Pieskes Nacken und die Ruderpinne knallt ihm gegen den Bauch. Und dann dreht sich die *Wiking*

? Das Gokstadschiff

Die *Wiking Saga* wird nach dem Vorbild des Gokstadschiffes gebaut, des am besten erhaltenen je gefundenen norwegischen Wikingerschiffes. Sie ist allerdings kleiner und kann daher mit nur drei Mann Besatzung gesegelt werden. Das um 890 aus Eiche gebaute Gokstadschiff wird auf dem Gokstad-Hof im norwegischen Vestfold in einem großen Grabhügel gefunden und 1880 ausgegraben. Das 23,4 Meter lange, hochseetaugliche Schiff wurde von einer 32 Mann starken Besatzung gerudert. Das Segel hatte eine Fläche von 110 Quadratmetern. Zuletzt war es als Grabschiff für einen Wikingerhäuptling verwendet worden.

Meine Mutter sagte
Mir gebühre ein Kriegsschiff
Bald mit rüstigen Männern,
Raub zu holen als Wikinger.
Aus der *Egils-Saga*

Saga schneller, als man gucken kann, um 180 Grad um die eigene Achse. Der stolze Drachenkopf mit den gebleckten Zähnen glotzt jetzt in die Richtung, aus der sie gekommen sind, und das Segel spielt verrückt. Mit der nächsten Welle wird das Boot hochgerissen, donnert dann in das Wellental hinab und stellt sich mit einem Krachen quer zum Seegang.

Das ist der Moment, in dem das ganze Unternehmen im wahrsten Sinne des Wortes zu kippen droht. Schon die nächste größere Welle kann sie unter sich begraben. Aber als hätte Thor, der Wettergott, ein Einsehen, sind die nächsten Seen, die seitlich auf das Schiff treffen, zu schwach, um die *Wiki* zum Kentern zu bringen. Es gelingt ihnen mit knapper Not, das Boot wieder auf Kurs zu bringen. Die Erleichterung ist groß, als der Drachenkopf wieder nach vorn zeigt.

In dieser Nacht vor Grönland, als alles an Bord der *Wiking Saga* vom Eiswasser durchnässt ist und Burghard sich wie ein Däumling in einem von der wütenden See hin und her geworfenen Holzschuh vorkommt, wird ihm klar, dass heute niemand mehr in der Lage wäre, zu leisten, was Erik der Rote und sein Sohn Leif vollbracht haben. Die Wikinger hatten ein seefahrerisches Können, das heutige Seefahrer nicht mehr haben. Darüber hinaus waren sie weitaus leidensfähiger, als wir es heute sind: Sie ertrugen Kälte und Entbehrungen, denen wir heute nicht gewachsen wären.

Burghard Pieske

Der Abenteurer und Weltumsegler Burghard Pieske wird 1944 als Sohn eines Lehrers geboren. Schon als Schüler sitzt er lieber an der Pinne als auf der Schulbank. Mit 16 Jahren geht er zur Handelsmarine, wo er das Kapitänspatent erwirbt. Danach schließt er ein Pädagogikstudium an und arbeitet einige Jahre als Erdkundelehrer, was er jedoch sehr schnell wieder aufgibt. Stattdessen segelt er auf einem selbst gebauten Katamaran zwischen 1977 und 1987 um die Welt. 1980 wird ihm für seine Leistungen als Segler der Trans-Ocean-Preis verliehen. Burghard Pieske geht es jedoch bei seinen Reisen nicht um seglerische Hochleistungen, sondern um Begegnungen mit Menschen. In Neuseeland lebt er monatelang mit Muscheltauchern und Goldsuchern, im Dschungel Papua-Neuguineas mit ehemaligen Kopfjägern. 1991 und 1992 fährt er mit einem nachgebauten Wikingerschiff auf den Spuren von Erik dem Roten und Leif Eriksson von Europa nach Amerika. Heute engagiert sich der erfolgreiche Buchautor, Filmemacher und Vortragsreisende für Jugendliche, mit denen er im Rahmen des Euro-Viking-Projekts Abenteuerreisen unternimmt.

Oben links: Burghard Pieske an Bord der *Wiking Saga* mit einer Sonnenpeilscheibe

Oben rechts: Burghard Pieske und seine Mannschaft im Heck der *Wiking Saga*. Während der gefährlichen Überfahrt trugen sie moderne Thermokleidung.

Den Lübecker Weltumsegler Burghard Pieske packt das Wikingerfieber, als er während seiner zehnjährigen Weltumsegelung auf Grönland überwintert. Er besucht den Hof von Erik dem Roten: Brattahlid. Er sieht überwucherte Runensteine und den Thingplatz, auf dem Erik Recht sprach, und während die eisigen Winterstürme ums Haus toben, liest er sich in den alten Geschichten der großen Entdeckungsfahrten von Erik dem Roten und Leif dem Glücklichen fest.

Und als er sich ausmalt, wie die Nordmänner mit ihren hochseetüchtigen offenen Booten den Unwettern des Nordatlantik trotzten, da fängt sein Seglerherz plötzlich wie wild an zu klopfen. Wie mag das sein, in einem Drachenboot den Atlantik zu überqueren?, überlegt er sich. Die Frage lässt ihn nicht mehr los. Und kurze Zeit später hat der drahtige Mann mit dem grauen Vollbart eine Mannschaft beisammen, die neugierig, verrückt und hartgesotten genug ist, mit ihm ein nachgebautes Wikingerboot zu besteigen und über den sturmgepeitschten Atlantik von Norwegen bis nach Amerika zu segeln.

Fast drei Jahrhunderte lang beherrschten die Wikinger die Meere. Zielstrebig bereisten sie die ganze ihnen damals bekannte Welt. Als Entdecker drangen sie von Skandinavien aus erst nach Island, dann nach Grönland und schließlich bis nach Amerika vor. Burg-

hard Pieske weiß: Der Erfolg der Wikinger ist vor allem auf ihre hochseetauglichen Boote zurückzuführen, auf die sie sehr stolz waren. Sie begruben sogar ihre Anführer in ihnen. Besonders durch Funde in solchen Grabhügeln wissen wir heute, wie die Boote der Wikinger aussahen.

Aber wie man sie segelte und wie sich die Boote steuern ließen, ist nicht überliefert. Dies kann man nur auf experimentelle Weise erfahren, indem man also ein Wikingerboot nachbaut und sich auf der Route der Wikinger auf den Weg nach Westen macht. Mit anderen Worten: indem man wie Burghard Pieske und seine Mitstreiter selbst zum Wikinger wird.

Schon bei der Fahrt durch die ruhigen Gewässer des Skagerrak, eines Teils der Nordsee, der von Dänemark und Norwegen gesäumt ist, stellen die modernen Wikinger fest, dass die verbreitete Vorstellung, die großen runden Schilde seien außen an den Wikingerbooten angebracht worden, falsch sein muss: Sie werden bei stürmischer See von den Wogen einfach abgerissen. Burghard Pieske nimmt daher an, dass die Schilde nur hervorgeholt wurden, wenn sich die Wikinger auf einen Überfall vorbereiteten und die Küste bereits in Sicht kam.

Die Begeisterung, die das Team um Burghard Pieske von der ersten Seemeile an für ihr hölzernes Drachenboot mit dem 40 Quadratmeter großen Rahsegel hat, hilft den Männern, die grenzenlose Anstrengung, die Kälte, die Nässe und den Mangel an Schlaf zu ertragen, die mit dem Segeln auf einem offenen Boot einhergehen. Aber jeder von ihnen kommt an den Rand seiner Kräfte. Wäre die Stimmung an Bord nicht so freundschaftlich, sie würden diese Strapazen nicht durchhalten. Burghard Pieske und sein Team wollen so

 Runen

Bevor die Wikinger das Christentum annahmen und wie wir heute das lateinische Alphabet verwendeten, nutzten sie 600 Jahre lang Runenschrift. Das Wort Rune bedeutet Geheimnis. Manche Runen hatten neben der Funktion als Buchstabe eine magische Bedeutung. Die Schrift besteht aus senkrechten Strichen. Es gibt verschiedene Runenreihen, Furtharke genannt, die wie unser Alphabet eine bestimmte Anzahl von Zeichen haben: 16, 24 oder 33. Runensteine wurden zum Gedenken an Verstorbene und besondere Ereignisse aufgestellt. Allein in Skandinavien wurden 6000 Runensteine gefunden.

Entdeckerrouten der Wikinger

Baffinland
(Helluland)

Grönland

Ladogasee
St. Petersburg
Nowgorod
(Holmgard)

Westsiedlung

SCHWEDEN

Sigtuna
Birka
Stockholm

Thingvellir
Island

Reykjavík

NORWEGEN

Brattahlid

Föröer

Bergen

Visby
Gotland
Riga

Ostsiedlung

Kaupang

Viborg

Lund

DÄNEMARK

Roskilde
Jelling
Arkona
Wollin

Labrador
(Markland)

Atlantischer
Ozean

Ribe
Haithabu

Hamburg

Oder

L'Anse aux Meadows

Britische Inseln

York

Dorestad
Köln

Elbe

Prag

Neufundland
(Vinland)

Dublin

London
Aachen
Prüm

Rhein

F
R
Ä
N
K
I
S
C
H
E
S

R
E
I
C
H

Limerick

Hastings

Cork

Paris
Orléans

Seine

Expeditionen der Wikinger

→ Früheste (um 790–860)
→ Erik der Rote (um 985)
→ Leif Eriksson (um 1000)

0   200 400 600km

Nantes

Pisa

Rom

Bordeaux

nah wie möglich erleben, wie es gewesen sein mag, als Wikinger vor 1000 Jahren den Atlantik zu überqueren. Daher verzichten sie auf modernen Komfort. Sie haben beispielsweise keinen Hilfsmotor an Bord. Allerdings tragen sie funktionelle Kleidung, die sie warm und trocken hält, auch wenn die Seen über ihnen zusammenschlagen. In der traditionellen Kleidung der Wikinger aus Leder und Wolle wären sie sicher erfroren. Die holen sie nur an ihren verschiedenen Anlegeplätzen hervor, um für die Leute das Wikingerbild perfekt zu machen. Und für den Fall der Fälle werden sie von einer modernen Segeljacht begleitet und können auf moderne Navigation zurückgreifen. Die Wikinger reisten ohne diese Hilfsmittel. Wenn sie das Land nicht fanden, das sie suchten, dann waren sie verloren. Die Entdeckungsfahrten der Wikinger waren eine Sache auf Leben und Tod. Man schätzt, dass die Hälfte aller Wikingerboote bei der Fahrt über den Nordatlantik unterging.

Burghard Pieske hat sein halbes Leben auf See verbracht, aber noch nie war er so nah auf Tuchfühlung mit dem Meer wie auf der Reise mit der *Wiking Saga*. Man wird im offenen Boot viel härter von Unwettern getroffen, aber man ist auch näher dran an den Wundern, die das Meer bereithält. „Wie Kinder unter dem Weihnachtsbaum" – so fühlen sie sich, als sie vor Grönland die ersten Eisberge sehen, so atemberaubend schön ist dieser Anblick. Auch auf der Strecke von Grönland nach L'Anse aux Meadows bekommen sie eine Ahnung von der seefahrerischen Leistung der Wikinger. Es gibt entlang der Küste Labradors, die Leif Eriksson „Waldland" taufte, zahllose Felsen über und unter Wasser. Nur mit äußerster Konzentration können sie den gefährlichen Hindernissen ausweichen.

 Navigation

Die Wikinger kennen noch keinen magnetischen Kompass. Um sich auf dem Meer zu orientieren, segeln sie, wann immer es geht, in Küstennähe. In der Ostsee, bei Fahrten zu den britischen Inseln und bis ins Mittelmeer ist das problemlos möglich. Auf weiten Reisen über das offene Meer nach Island, Grönland oder Vinland orientieren sie sich nachts mithilfe des Nordsterns, tagsüber am Stand der Sonne. Sonnenpeilscheibe, Sonnenschattenbrett und ein Sonnenstein waren dabei vielleicht Hilfsmittel. Entscheidender als jedes Gerät ist aber die genaue Kenntnis des Meeres: Wassertiefen, Strömungen, Wasserfärbung, Flugbahnen der Vögel, Nebelgebiete und Windrichtung geben wichtige Hinweise auf die Position.

Der Sonnenstein – ein Kalkspat – half den Wikingern bei der Navigation. Der Kristall zeigt selbst an trüben Tagen genau die Position der Sonne an.

Die *Wiking Saga* vor New York. Im Hintergrund die Skyline von Manhattan

Die Krönung ihrer Fahrt wird der Besuch in New York. Die Vorstellung, mit ihrem Wikingerboot an der Skyline von Manhattan vorbeizusegeln, hat sie auf der Fahrt durch Sturm und Nacht und Eis auch dann durchhalten lassen, wenn sie eigentlich längst am Ende waren. Und tatsächlich: Als die Freiheitsstatue von New York in Sicht kommt, fällt die ganze Anspannung der gefährlichen Fahrt von ihnen ab. Es ist wie beim Zieldurchlauf nach einem Marathon.

Dass ein Wikingerboot aus Europa die Stadt erreicht, hat sich wie ein Lauffeuer herumgesprochen. In einem offenen Boot über den stürmischen, unberechenbaren Atlantik!? – Die New Yorker sind völlig aus dem Häuschen. Die Stadt bereitet den drei Männern einen triumphalen Empfang. Tausende Menschen pilgern in den Hafen, um das Drachenboot zu sehen. Die Zeitungen bringen begeisterte Berichte. Burghard Pieske freut sich über die große Anerkennung, die ihnen von allen Seiten entgegengebracht wird. Aber unterm Strich bleibt für ihn die Erkenntnis: „Wir haben eine Ahnung davon bekommen, was die Wikinger geleistet haben. Aber wir können Männern wie Erik dem Roten und seinem Sohn Leif nicht das Wasser reichen."

Was uns von dieser Reise in erster Linie bleibt, ist Hochachtung für die Wikinger.
Burghard Pieske

> Chronik

8. Jh. Die Wikinger verlassen ihre Heimat Skandinavien, um neue Siedlungsgebiete zu finden und der Herrschaft der Könige zu entkommen.

790 Beginn der Wikingerzüge in Westeuropa

8. Juni 793 Der Überfall auf das Kloster Lindisfarne auf der Insel Holy Island an der Nordostküste von England markiert den Beginn der historischen Wikingerzeit.

795 Beginn der Überfälle auf Irland

799 Beginn der Überfälle auf das Reich der Franken

um 800 Besiedlung der Shetland- und Orkneyinseln sowie der Hebriden

9. Jh. Vermehrte Wikingerraubzüge in Westeuropa und Erkundungsfahrten nach England, Irland und Westfrankreich

845 Plünderung von Hamburg und Paris

um 860 Besiedlung der Färöer, Inseln südöstlich von Island

um 870 Beginn der Besiedlung Islands durch norwegische Wikinger. In dem bislang unbewohnten Land entsteht eine neue Nation mit eigener Nationalversammlung, dem Althing. Die Landnahme dauert bis ca. 930 an.

874 Beginn der Kolonisierung Irlands durch Wikinger

911 Wikingerhäuptling Rollo wird Herzog der Normandie.

um 900 Der Isländer Gunnbjörn Ulfsson entdeckt eine riesige Insel westlich von Island, die später Grönland genannt wird.

um 970 Die Norweger Erik der Rote und sein Vater Thorvald übersiedeln nach einer Fehde nach Island.

um 982 Erik der Rote wird für drei Jahre verbannt. Er beschließt, das von Gunnbjörn entdeckte Land zu finden und zu besiedeln. Er gelangt nach Grönland und erkundet drei Jahre lang dessen Küsten. Bei der Rückkehr nach Island berichtet er von einem fruchtbaren, grünen Land („Grönland"), um Siedler anzulocken.

985 Erik segelt mit 25 Schiffen nach Grönland, von denen nur 14 ihr Ziel erreichen. In zwei fruchtbaren Regionen im Osten und im Westen entstehen zwei große Siedlungen. Erik gründet am Eriksfjord im Osten den Hof Brattahlid. Viele weitere Familien folgen. Ihre Nachkommen leben über 400 Jahre lang auf Grönland.

985 oder 986 Der Wikinger Bjarni Herjulfsson kommt auf dem Weg nach Grönland in einem Sturm vom Kurs ab. Er sieht Land, legt aber nicht an, um es zu erkunden.

um 1000 Leif Eriksson, der Sohn Eriks des Roten, wird durch den Bericht Bjarni Herjulfssons neugierig. Er macht sich von Grönland aus mit einem Schiff und 35 Mann auf die Suche und stößt im Westen auf Land. Weiter im Süden kommen Leif und seine Männer an eine grüne Küste mit fruchtbarem Land und mildem Klima: das heutige Neufundland. Dort überwintern sie und nennen das Land „Vinland".

1003 Erik der Rote stirbt. Leif wird sein Nachfolger als Jarl in Grönland. Sein Bruder Thorvald reist nach Vinland.

1005 Thorvald wird in Vinland von Ureinwohnern getötet.

1006 Thorvalds Bruder Thorstein bricht nach Vinland auf, um den Leichnam seines Bruders zu holen, verliert aber auf See die Orientierung und kommt nie dort an. Er kehrt erfolglos nach Grönland zurück.

1007 Thorstein stirbt. Der Isländer Thorfinn Karlsefni reist nach Grönland und heiratet die Witwe Thorsteins.

1009–1011 Thorfinn Karlsefni versucht, eine dauerhafte Siedlung in Vinland aufzubauen. Nach zermürbenden Auseinandersetzungen mit den Ureinwohnern kehrt er nach Grönland zurück.

1011 Leifs Schwester Freydis reist von Grönland aus zusammen mit Isländern nach Vinland und nutzt Leifs Winterquartier, die „Leifshütten".

1012 Nach Auseinandersetzungen zwischen Isländern und Grönlandern kommt es zur Ermordung der Isländer. Freydis kehrt mit ihrer Mannschaft nach Grönland zurück.

1066 Der Norwegerkönig Harald Hardrade („der Harte") wird in England getötet. Kurz darauf erobern die Normannen, Nachfahren der Wikinger aus der Normandie, unter Wilhelm dem Eroberer England. Damit endet das historische Zeitalter der Wikinger.

um 1125 Ari Thorgilsson schreibt das *Isländerbuch (Islendingabok)*.

um 1127 Ari Thorgilsson erwähnt Vinland in seinen Aufzeichnungen.

1230 Snorri Sturluson schreibt die *Heimskringla*, die einen Bericht über Leif Erikssons Entdeckung enthält.

vor 1334 Der Isländer Hauk Erlendsson, der von Thorfinn Karlsefni abstammt, lässt das *Hauksbok* aufzeichnen. Es beschreibt Vinland, handelt aber vor allem von Karlsefnis Reise. Das *Hauksbok* ist die erste von zwei Schriftensammlungen, in der die *Erikssaga* festgehalten wird.

1367 Bericht des Norwegers Ivar Bardarsson über eine Reise zu aufgegebenen Siedlungen in Grönland

Ende des 14. Jh.s Entstehung der *Grönlandsaga,* die ausführliche Berichte über die Entdeckung und die Reisen nach Vinland enthält

um 1450 Das *Skalholtsbok*, die zweite Schriftensammlung, die die *Erikssaga* überliefert, wird geschrieben.

12. Oktober 1492 Auf der Suche nach einem Seeweg nach Indien landet der italienische Seefahrer Christoph Kolumbus auf der Karibikinsel San Salvador, die der Küste Amerikas vorgelagert ist. Er gilt damit lange Zeit als der erste Europäer, der einen Fuß in die Neue Welt gesetzt hat, und als „Entdecker" Amerikas.

1497 Giovanni Caboto (John Cabot), italienischer Seefahrer in englischen Diensten, erreicht die nordamerikanische Küste und nennt das vorgefundene Land „Neufundland".

1604–1606 Samuel de Champlain reist nach Neuschottland, eine Halbinsel westlich von Neufundland. Aufgrund der Beschreibungen in den Sagas vermutet er Vinland hier.

1880/1904 Bergung zweier 1000 Jahre alter Wikingerschiffe in Norwegen in den Grabhügeln von Gokstad und Oseberg

1893 Der Norweger Magnus Andersen reist in einem dem Gokstadschiff originalgetreu nachgebauten Schiff von Norwegen nach Neufundland.

1899 Wiederentdeckung der Wikingersiedlung Brattahlid in Grönland

1960 Die Norweger Anne Stine und Helge Ingstad entdecken an der Nordspitze Neufundlands Überreste einer Wikingersiedlung. Sie liegt bei L'Anse aux Meadows im heutigen Kanada. Möglicherweise geht die Siedlung auf Leif Eriksson zurück.

1978 L'Anse aux Meadows wird UNESCO-Weltkulturerbe.

1991 Der Weltumsegler Burghard Pieske segelt in einem nachgebauten Wikinger-Drachenboot auf den Spuren Leif Erikssons von Norwegen über Island und Grönland bis nach Nordamerika.

 **Buchtipps**

Helge Ingstad: *Die erste Entdeckung Amerikas*, Ullstein, Frankfurt/Main 1966. Helge Ingstad erzählt von Leif Eriksson und den Vinlandsagas und beschreibt seine eigenen aufsehenerregenden Entdeckungen. Antiquarisch erhältlich

Peter Nordquist/Mats Wahl: *Die Leute von Birka: So lebten die Wikinger*, Oetinger, Hamburg 2005, ab 10 Jahren. Dieses reich illustrierte Buch erzählt von Leben und Alltag einer Wikingerfamilie.

Burghard Pieske: *Expedition Wiking Saga. Im offenen Boot über den Nordatlantik*, Delius Klasing, Bielefeld 2009. Spannende Schilderung der Fahrt im offenen Wikingerboot auf der Route Leif Erikssons

Stewart Ross: *Große Entdecker. Wagemutige Reisen von der Tiefsee bis ins All*, Gerstenberg, Hildesheim 2011, ab 8 Jahren. Dieses Buch berichtet über die großen Entdeckungsreisen von der Antike bis ins 20. Jahrhundert. Mit zahlreichen Illustrationen und großen Klappkarten. Darin enthalten ist das Kapitel: „Leif Eriksson erreicht die Küste Amerikas".

 **Filmtipps**

National Geographic. Die Geheimnisse der Wikinger, DVD 2011, ab 6 Jahren. Dokumentation über die Eroberungs- und Erkundungszüge der Wikinger und das plötzliche Ende der Wikingerzeit

Museen und Fundstätten

Dänemark

Ribe Vikingecenter
In diesem Freilichtmuseum wurden u.a. ein Marktplatz mit Handelsschiff, ein Gehöft und ein Dorf aus der Wikingerzeit nachgebaut. Die ausführliche Internetseite ist auch auf Deutsch zugänglich.
Lustrupholm
Lustrupvej 4
6760 Ribe
www.ribevikingecenter.dk

Wikingermuseum Ribe
Die Ausstellung zeigt Fundstücke aus der Wikingerstadt Ribe und zeichnet Handwerk, Handel und Alltagsleben der Wikinger nach.
Odins plads 1
6760 Ribe
www.ribesvikinger.dk

Jelling
An dieser archäologischen Stätte kann man zwei Grabhügel, Runensteine, Palisaden und eine Kirche aus der Wikingerzeit besichtigen. Informationen über Jelling findest du auf der Internetseite der Stadt Vejle. Auch auf Englisch verfügbar.
Royal Jelling visitor's centre
Gormsgade 23
DK-7300 Jelling
www.vejle.dk

Deutschland

Wikingermuseum Haithabu
Das Museum besteht aus einem Freigelände mit sieben rekonstruierten Wikingerhäusern und einer Landebrücke sowie einer Ausstellung mit Originalfunden aus der Wikingersiedlung Haithabu.
Am Haddbyer Noor 5
24866 Busdorf
www.schloss-gottorf.de/haithabu

Island

Thingvellir
Der Ort des Althing, der Versammlung aller freien Männer, die Gesetze beschließen und Urteile fällen konnte. Hier trugen sich alle wichtigen Ereignisse der frühen Geschichte Islands zu. Die Internetseite ist auf Englisch zugänglich.
www.thingvellir.is

Kanada

L'Anse aux Meadows National Historic Site
Die Ausstellung mit Funden der Wikingerkultur aus L'Anse aux Meadows und aus Skandinavien enthält ein Modell der Siedlung, wie sie zu Wikingerzeiten ausgesehen haben könnte. Die acht Gebäude, die Anne Stine und Helge Ingstad entdeckt haben, können ebenfalls besichtigt werden. Über die Homepage der kanadischen Nationalparks gelangst du zur Internetseite der archäologischen Stätte L'Anse aux Meadows.
www.pc.gc.ca

Norwegen

Wikingerschiffmuseum Oslo
Funde aus den Bootsgräbern von Tuneberg, Gokstad und Oseberg sowie faszinierende Grabbeigaben aus der Wikingerzeit sind hier ausgestellt. Die Internetseite ist auch auf Englisch verfügbar.
Huk Aveny 35
0287 Oslo
www.khm.uio.no/vikingskiphuset

Lofotr Viking Museum Borg
Borg auf der Insel Vestvagoy in den Lofoten war ein Stammessitz der Wikinger. In einem rekonstruierten Langhaus können Wohn- und Schlafplätze, die Werkstatt und ein Bankettsaal besichtigt werden. Im Freien gibt es ein Tiergehege, eine Schmiede, Bootshäuser und ein Wikingerboot zu bestaunen. Die Internetseite ist auch auf Englisch verfügbar.
Prestegardsveien 59
8360 Bostad
www.lofotr.no

Schweden

Birka und Hovgarden
Birka auf der Insel Björkö war zu Wikingerzeiten das Zentrum einer reichen Region um den Mälarensee. Das Museum zeigt neben den archäologischen Funden auch Miniaturmodelle der Stadt. Die archäologische Stätte Hovgarden war der zugehörige Sitz des Königs auf der Nachbarinsel Adelsö. Die Internetseite des schwedischen Amtes für Denkmalpflege ist auf Englisch verfügbar.
www.raa.se

 **Webtipps**

www.opinn-skjold.com
Im Wikingerverein Opinn Skjold ist die Wikingerkultur lebendig. Auf der Internetseite findest du Veranstaltungstermine und viele Fotos, die einen Eindruck vom Treiben der „heutigen" Wikinger geben.

www.burghard-pieske.com
Auf seiner Internetseite bietet der Abenteurer Einblick in seine Expeditionen, Reisen und aktuelle Projekte, insbesondere seine Segelfahrten mit Jugendlichen in selbst gebauten Wikingerschiffen.

Bildnachweis
akg-images Berlin/Werner Forman: S. 23ol, 33u/North Wind Picture Archives: Umschlag hinten l, S. 12-13u/Jürgen Sorges: S. 51; Bettmann/CORBIS: Umschlag hinten ur, S. 48ol; Bridgeman Art Library/National Geographic Image Collection: S. 14-15M; ddp images/Associated Press Photo/Royal Norwegian Embassy/mit freundlicher Genehmigung der Familie Ingstad: S. 46ol; Dorling Kindersley/Nick Hewetson: S. 22; everystockphoto/wili-hybrid: S. 31o; fotolia/Elenathewise: S. 44-45M; Getty Images/AFP/Carl de Souza: S. 27o/National Geographic/Peter V. Bianchi: S. 43ol/National Geographic/Emory Kristof: S. 52/National Geographic/Ted Spiegel: Umschlag vorn o; Gyldendal Norsk Forlag. S. 46or; imago/ARCO IMAGES: S. 18-19u, 32Mr, 38-39M, 40-41M, 41ur/blickwinkel: S. 17u, 21o/Manfred Grebler: S. 25ol/Karina Hessland: S. 55o/imagebroker: S. 14-15o, 16-17M, 34or, 36u/imagebroker/Bahnmüller: S. 4-5/imagebroker/giovannini: S. 45u, 53o; mauritius images: Umschlag vorn ul; National Geographic Image Collection: S. 6-7u; Jörg Parschau: S. 9ol, 23or, 33ol, 36-37M, 53Ml; Picture Alliance/All Canada Photos: S. 50o/Artcolor/Bildarchiv Hansmann: S. 24Mr/Bildagentur Huber/Gräfenhain: S. 28o/dpa: S. 6ur, 54-55M/Lonely Planet Images: S. 49u/Mary Evans Picture Library: S. 30-31M, 35u/Transit/Thomas Härtrich: S. 11/WILDLIFE: S. 59ol; Burghard und Silke Pieske: Umschlag hinten or, S. 6-7 (Hintergrundfoto), 7ul, 56or, 57ol, 59u; Pixelio/Martin Jäger: S. 2/Makrodepecher: S. 12Mr/Heike Tolxdorff: S. 19Ml

Quellennachweis
Claudia Banck: *Die Wikinger.* © Theiss Verlag, Stuttgart; *Isländersagas 4.* Hrsg. v. Klaus Böldl. Andreas Vollmer und Julia Zernack. Aus dem Altisländischen von Thomas Esser, Tina Flecken, Mathias Kruse, Andreas Vollmer und Laura Wamhoff. © S. Fischer Verlag GmbH, Frankfurt am Main 2011 Leider war es uns nicht in allen Fällen möglich, die Rechteinhaber ausfindig zu machen; alle Ansprüche bleiben gewahrt.